한국종이접기작가그룹 작품집

마스터피스 2017

초판 1쇄 2017년 7월 24일

작　　　가	노혁균, 맹형규, 박종일, 오규석, 이인섭, 정재일, 최주영, 허순강
도면제작	오규석, 지미정
편　　집	오규석
발 행 인	김재열
발 행 처	도서출판 아는만큼보이는세상(www.아보세.com)
등록번호	제313-2011-231호
주　　소	서울특별시 은평구 증산로21길 6(신사동) 2층
전　　화	070-4247-8281
팩　　스	02-2179-8401

ⓒ 2017 노혁균, 맹형규, 박종일, 오규석, 이인섭, 정재일, 최주영, 허순강

※ 이 책은 저작권법에 따라 보호받는 저작물이므로 무단전제와 무단복제를 금지하며 이 책의 내용의 전부 또는 일부를 이용하려면 반드시 저작권자와 도서출판 아는만큼보이는세상의 서면 동의를 받아야 합니다.
※ 잘못된 책은 바꾸어 드립니다. 가격은 뒷표지에 있습니다.
※ 본문 서체는 네이버 나눔글꼴을 사용하였습니다.
※ 네이버종이접기카페(http://cafe.naver.com/yortapaper)를 방문하시면 더 많은 작품들을 만나실 수 있습니다.

이 도서의 국립중앙도서관 출판시도서목록(CIP)은 서지정보유통지원시스템 홈페이지(http://seoji.nl.go.kr)와 국가자료공동목록시스템(http://www.nl.go.kr/kolisnet)에서 이용하실 수 있습니다. (CIP제어번호 : CIP2017017365)

차 례
Table of contents

벨로시랩터 ---------------------------- 6 page
by 노혁균

트리케라톱스 --------------------------- 17 page
by 최주영

말 ------------------------------------ 24 page
by 최주영

박쥐 ---------------------------------- 36 page
by 허순강

범선 ---------------------------------- 40 page
by 박종일

눈송이 -------------------------------- 42 page
by 이인섭

코뿔소 -------------------------------- 50 page
by 맹형규

코뿔소 -------------------------------- 60 page
by 정재일

정사면체, 정육면체, 학알, 정팔면체 ------ 71 page
by 오규석

종이접기 도면 만들기 ------------------ 78 page

- 접기 기호 (Symbols for folding) -

골접기 (Valley fold)

접기선이 그려진 곳이
음푹 들어가도록 접는 방법
(접고난 뒤의 모양이 골짜기와 비슷합니다)

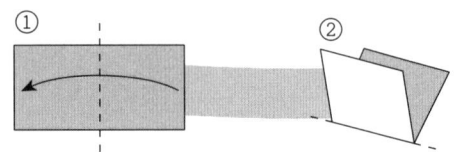

산접기 (Mountain fold)

접기선이 그려진 곳이
위로 볼록 솟아오르게 접는 방법
(접고난 뒤의 모양이 산과 비슷합니다)

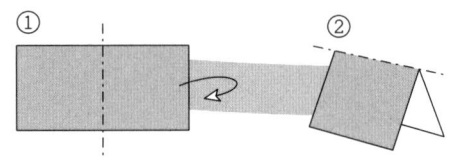

접기선 내기 (Making a crease line)

종이를 접었다 펴서, 접혀진 자국을 만드는 과정
(이 선을 기준으로 삼아서 다른 부분을 접습니다)

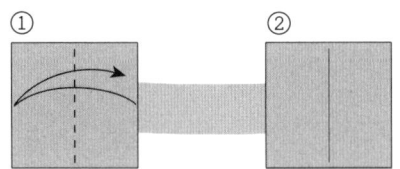

뒤집기 (Turn paper over)

종이를 회전시키지 않고, 그대로 뒤집는 과정

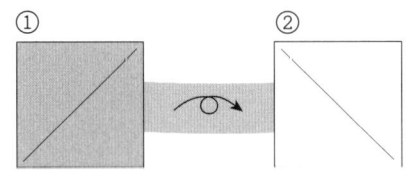

계단 접기 (Pleat fold)

산접기와 골접기를 연속으로 시행해서
계단과 같은 모양을 만드는 과정

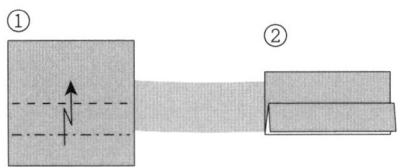

회전시키기 (Rotation)

종이를 뒤집지 않고, 그대로 위치만 바꾸는 과정

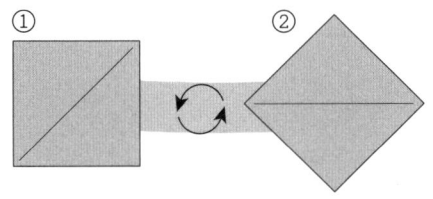

등분 기호 (Division)

동일한 간격으로 접으라는 표시

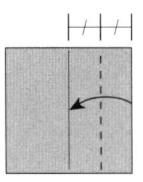 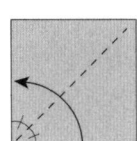

시선 이동 (Viewpoint change)

종이를 보는 위치가 달라진다는 표시

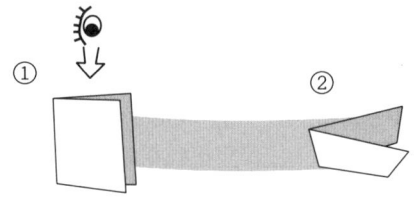

- 접기 기호 (Symbols for folding) -

확대해서 보기 (A magnified view)

작은 부분을 크게 확대해서 보는 기호

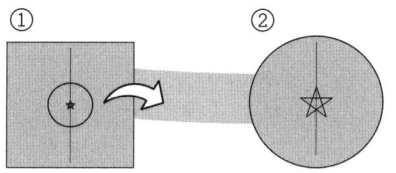

주의할 부분 (Marked point)

주의해서 봐야할 부분
(작은 원이나 별표로 표시합니다)

 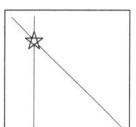

잡아 당기기 (Pull out)

종이 안쪽에 있는 부분을 끄집어내거나
종이를 잡고 옆으로 끌어 당기는 기호

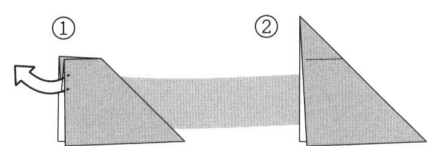

누르기 (Push paper in)

종이를 안쪽으로 눌러서 넣어 접는 과정

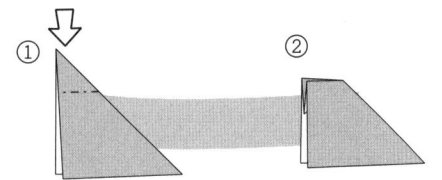

오픈 싱크 (Open sink)

표시된 부분 근처를 완전히 편 다음
그 부분을 안쪽으로 밀어 넣어 접는 방법
(완성된 다음 그 부분을 열어 볼 수 있습니다)

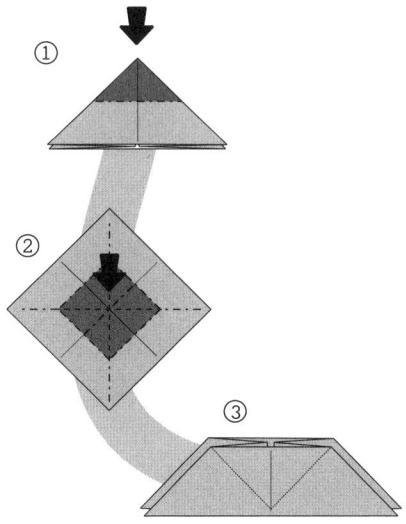

클로우즈드 싱크 (Closed sink)

표시된 부분 근처를 펴지 않고 그대로
안쪽으로 밀어 넣어 접는 방법
(완성된 다음 그 부분이 열리지 않습니다)

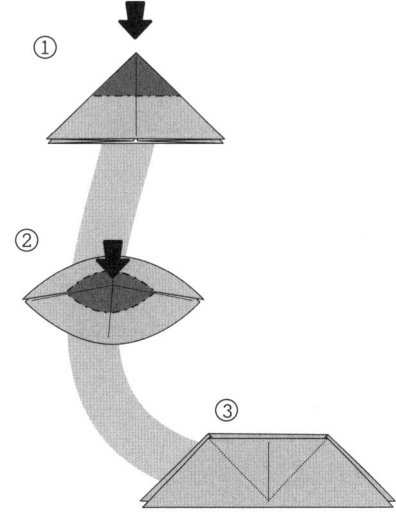

벨로시랩터

창작 : 노혁균(이수르스)
도면 : 오규석(jassu)

1 기본 접기선을 만드세요.

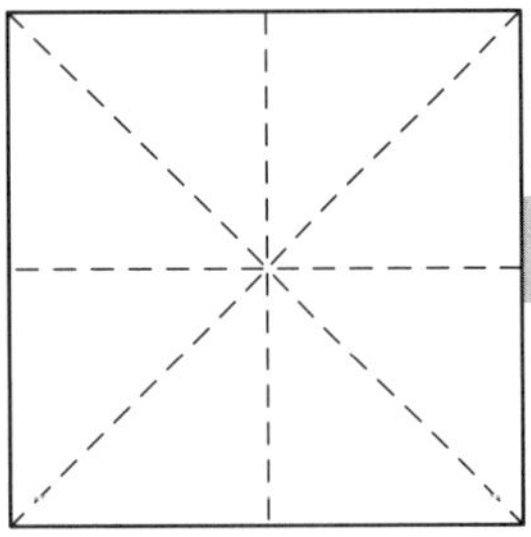

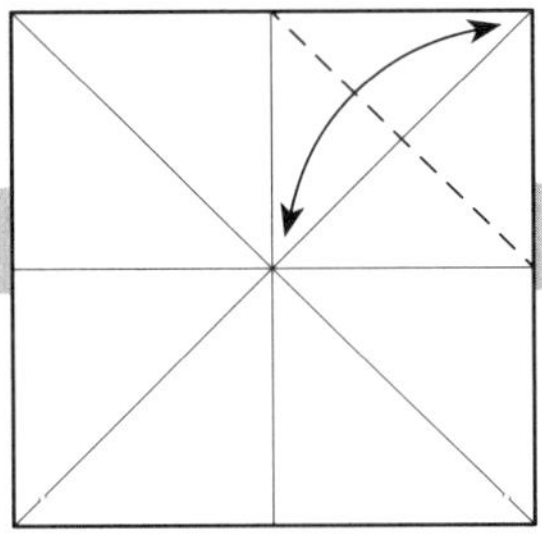

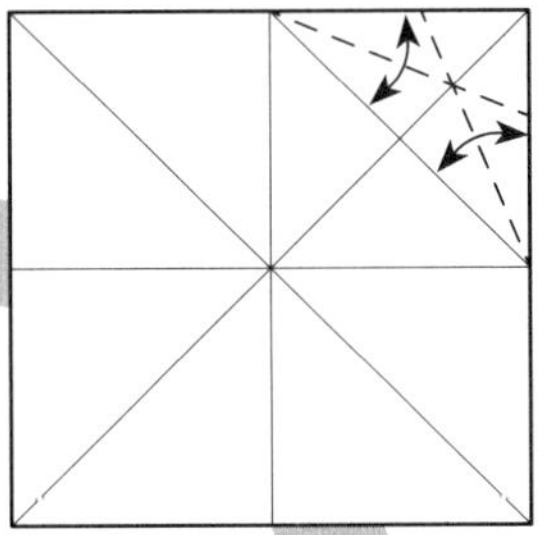

2

3

4 삼각주머니접기 하세요.

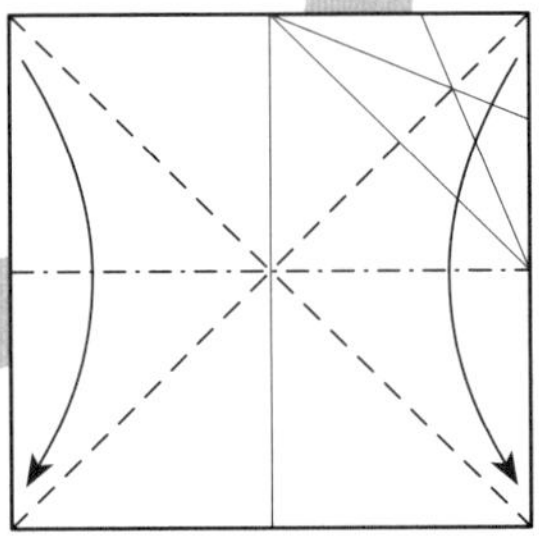

5

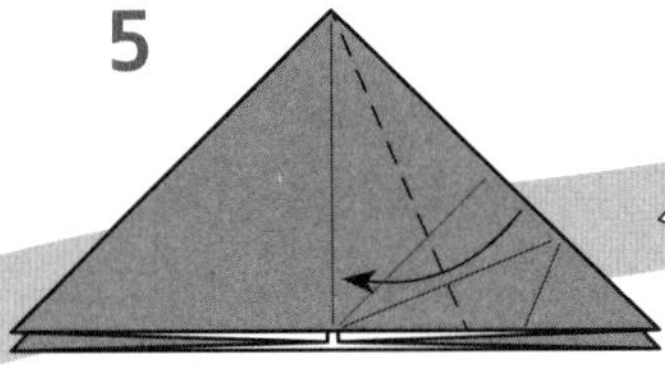

6 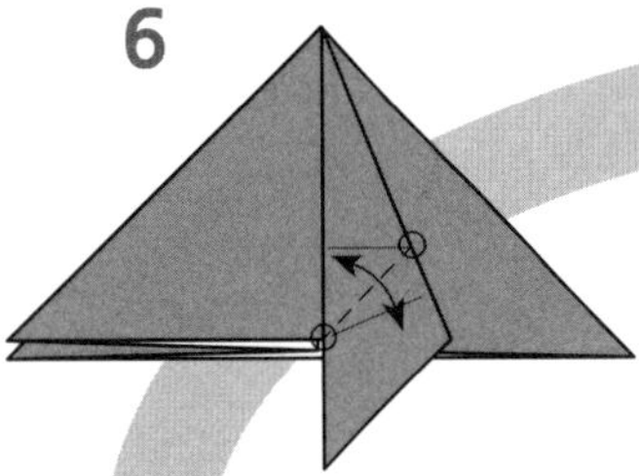 ○와 ○를 맞춰 접었다가 다시 펼치세요.

7 ○와 ○를 맞춰 접으세요.

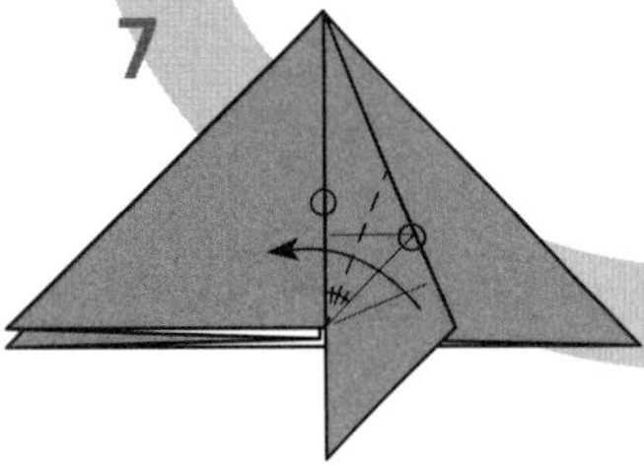

8

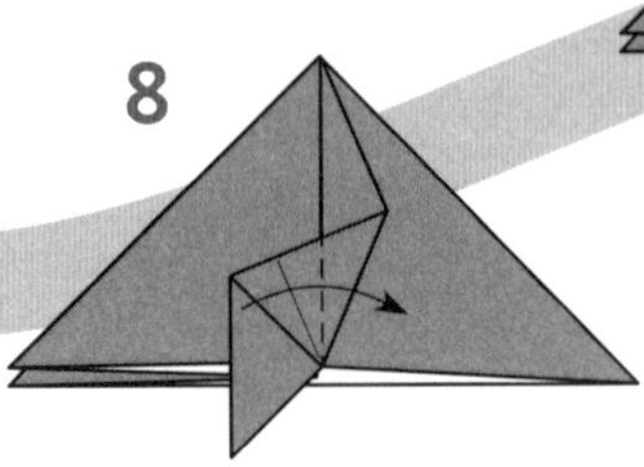

9

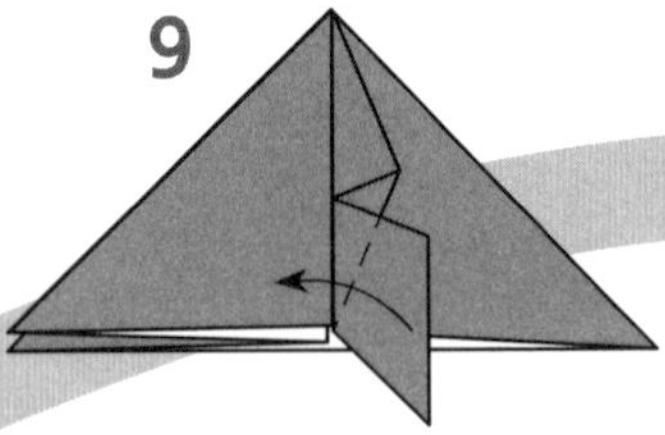

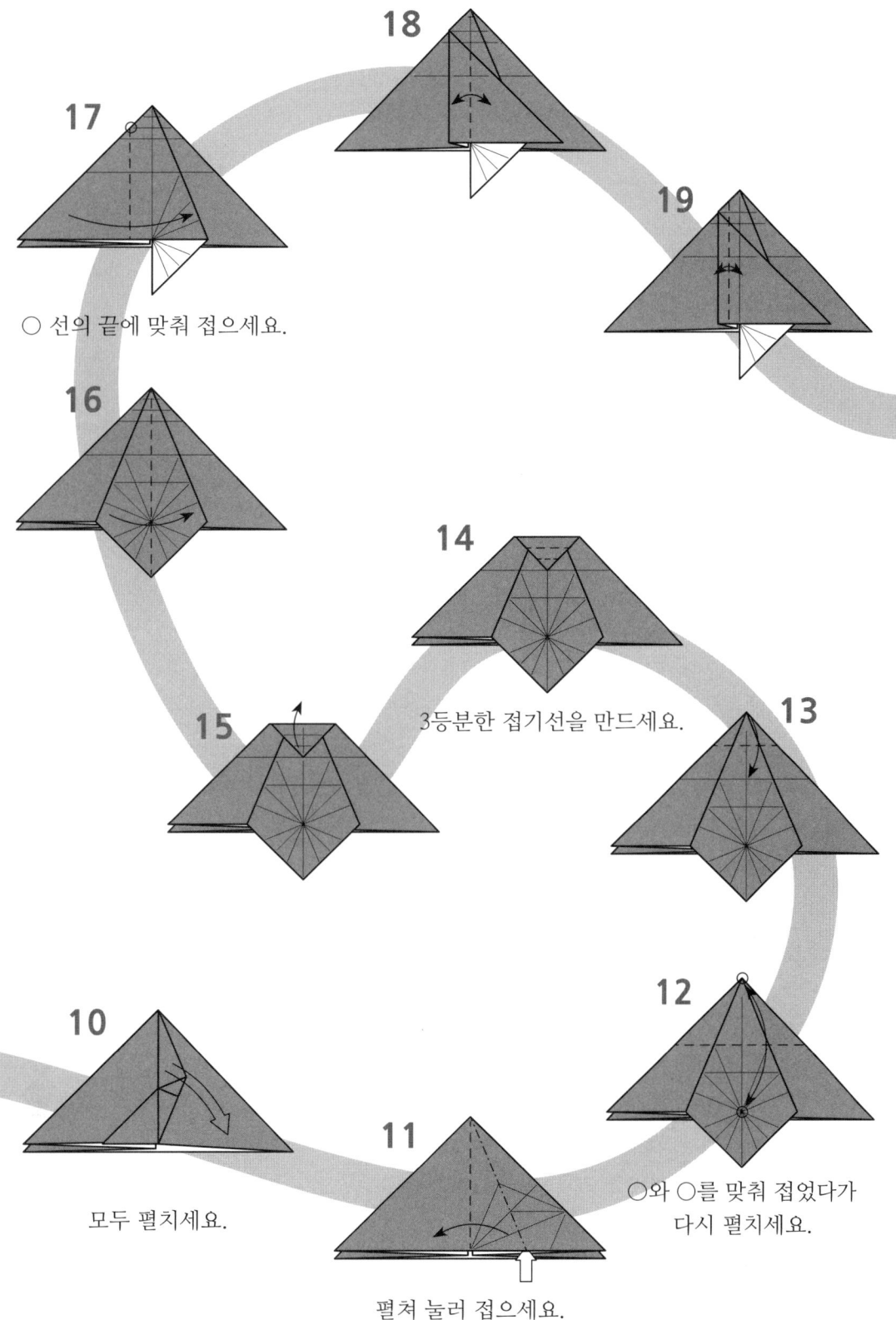

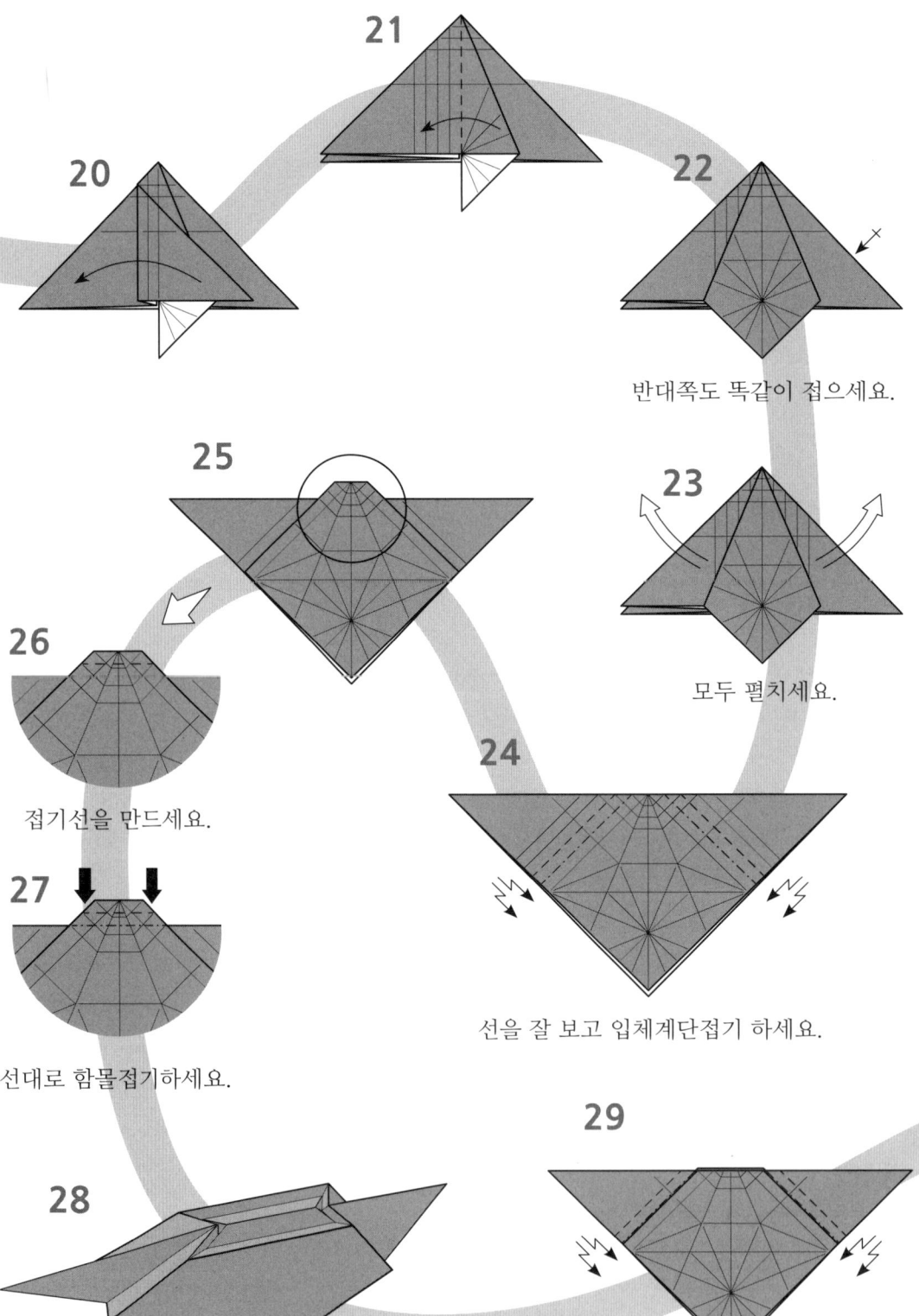

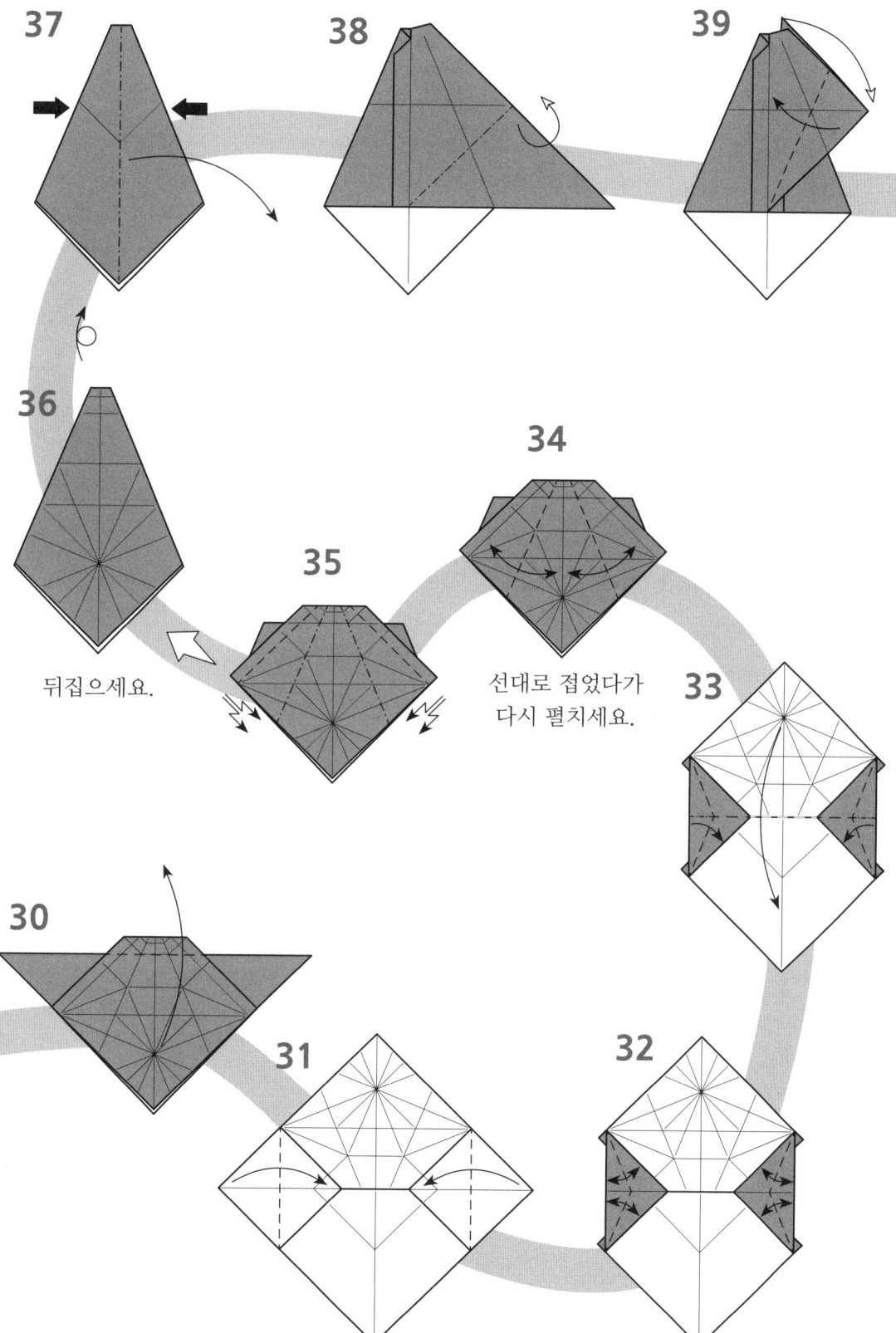

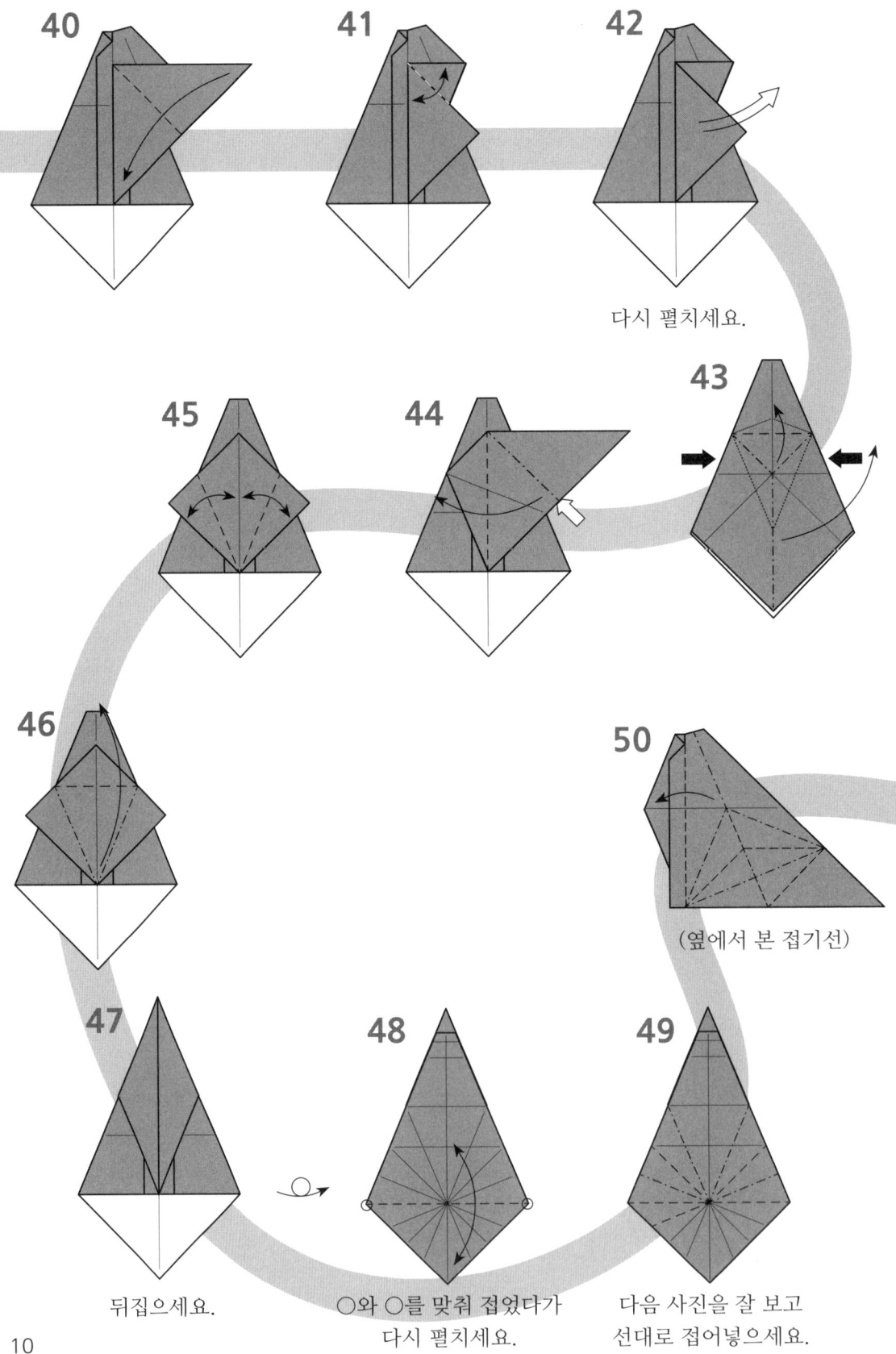

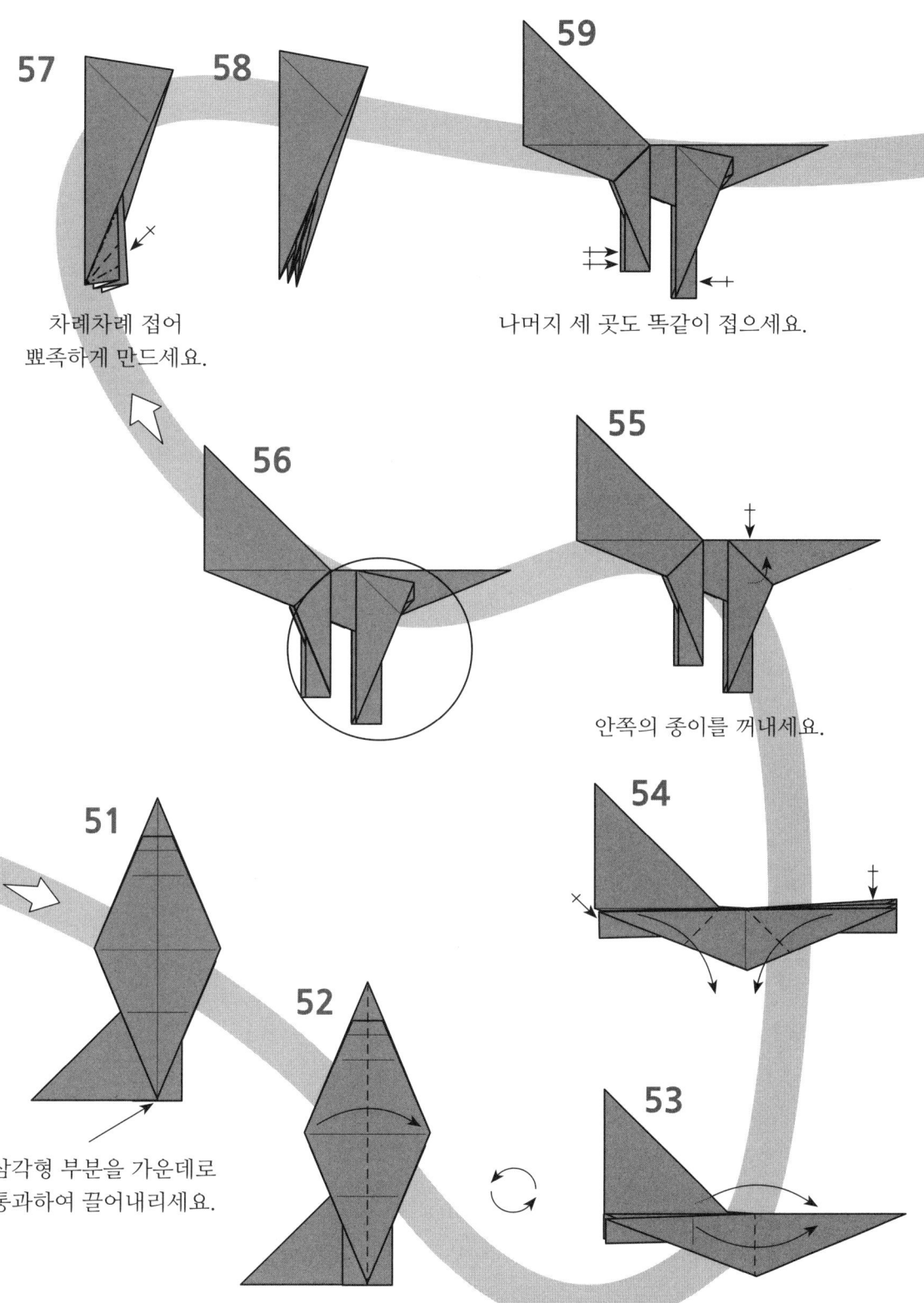

차례차례 접어
뾰족하게 만드세요.

나머지 세 곳도 똑같이 접으세요.

안쪽의 종이를 꺼내세요.

삼각형 부분을 가운데로
통과하여 끌어내리세요.

반으로 접고 방향을 돌리세요.

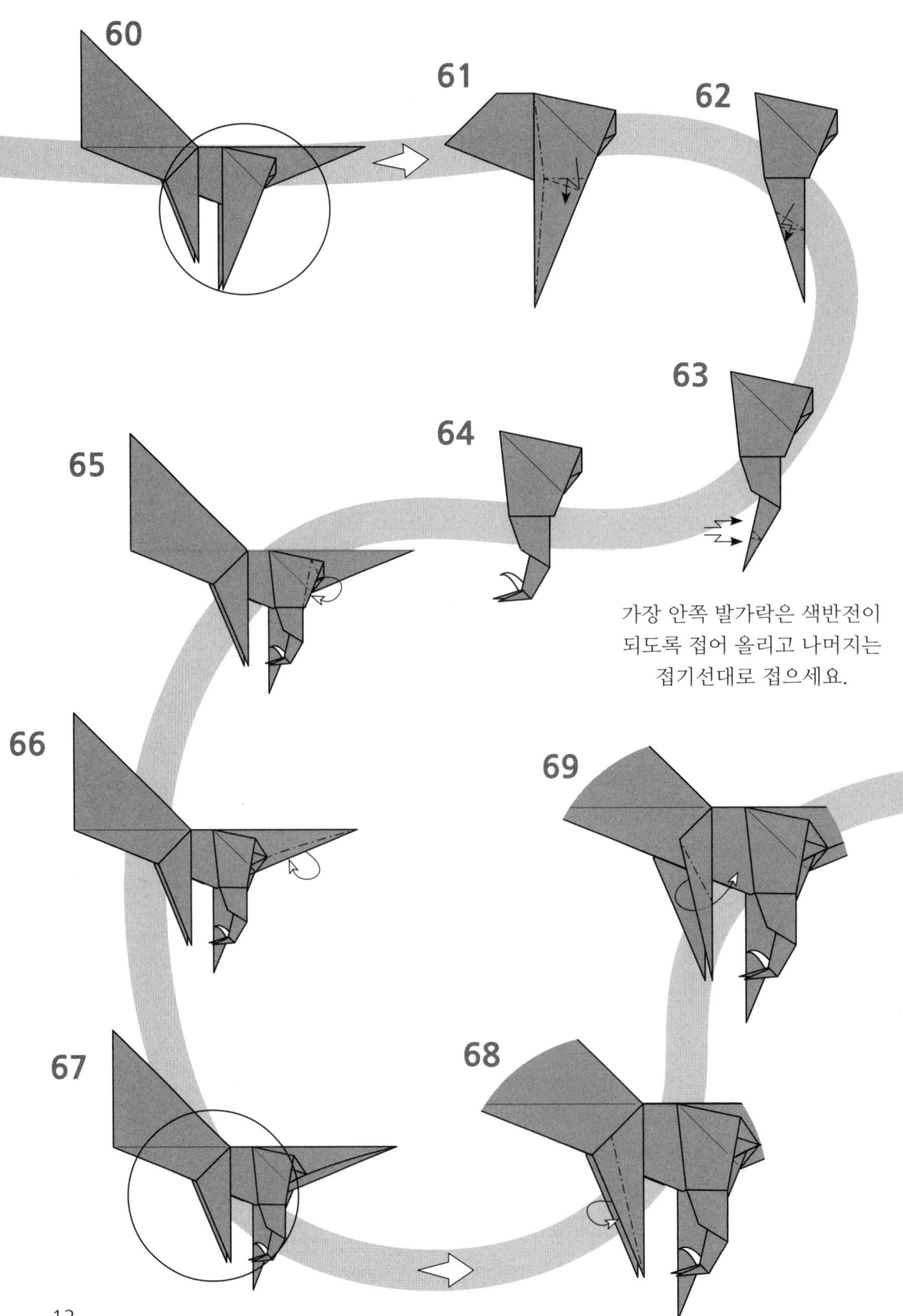

가장 안쪽 발가락은 색반전이 되도록 접어 올리고 나머지는 접기선대로 접으세요.

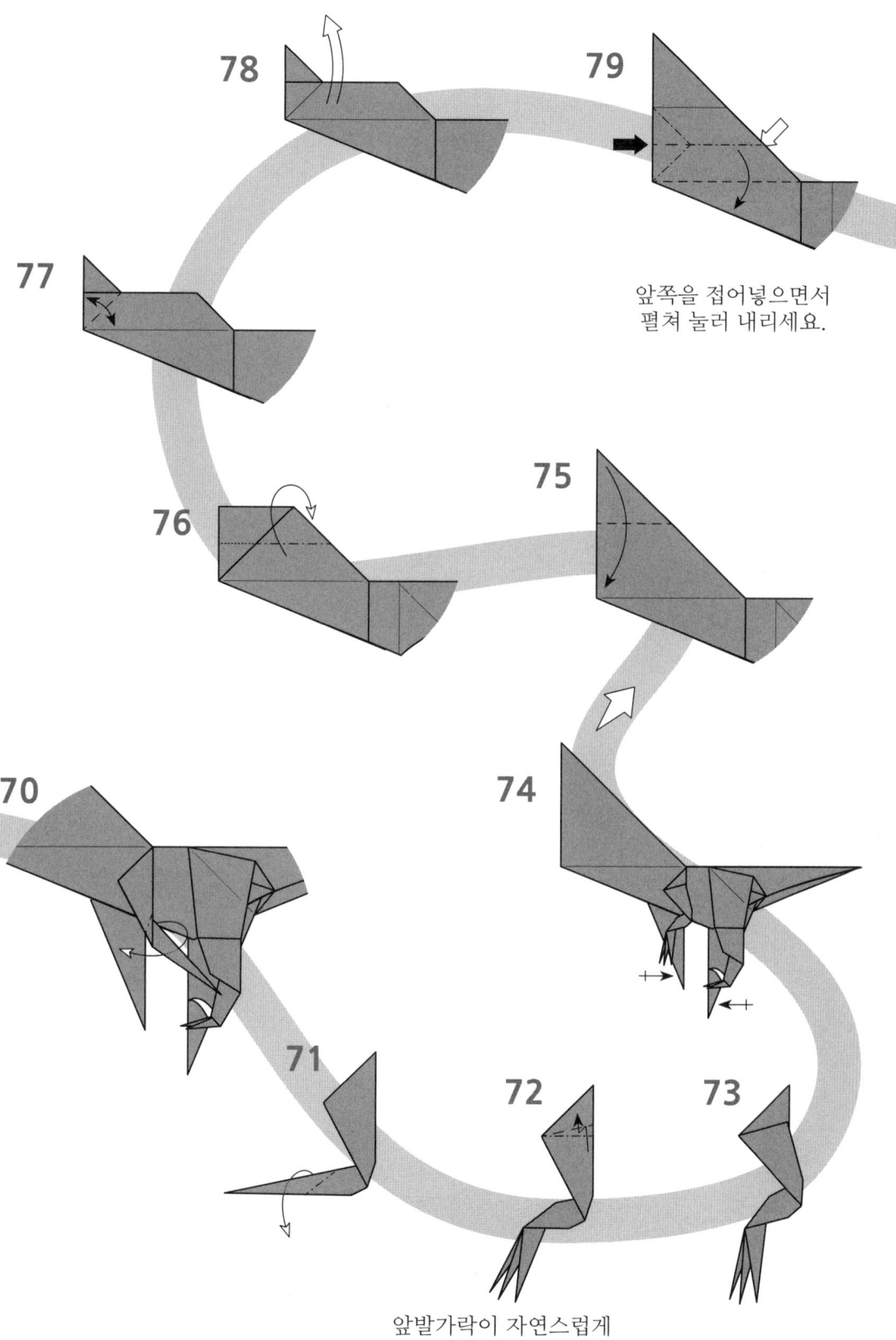

앞쪽을 접어넣으면서
펼쳐 눌러 내리세요.

앞발가락이 자연스럽게
되도록 다듬으세요.

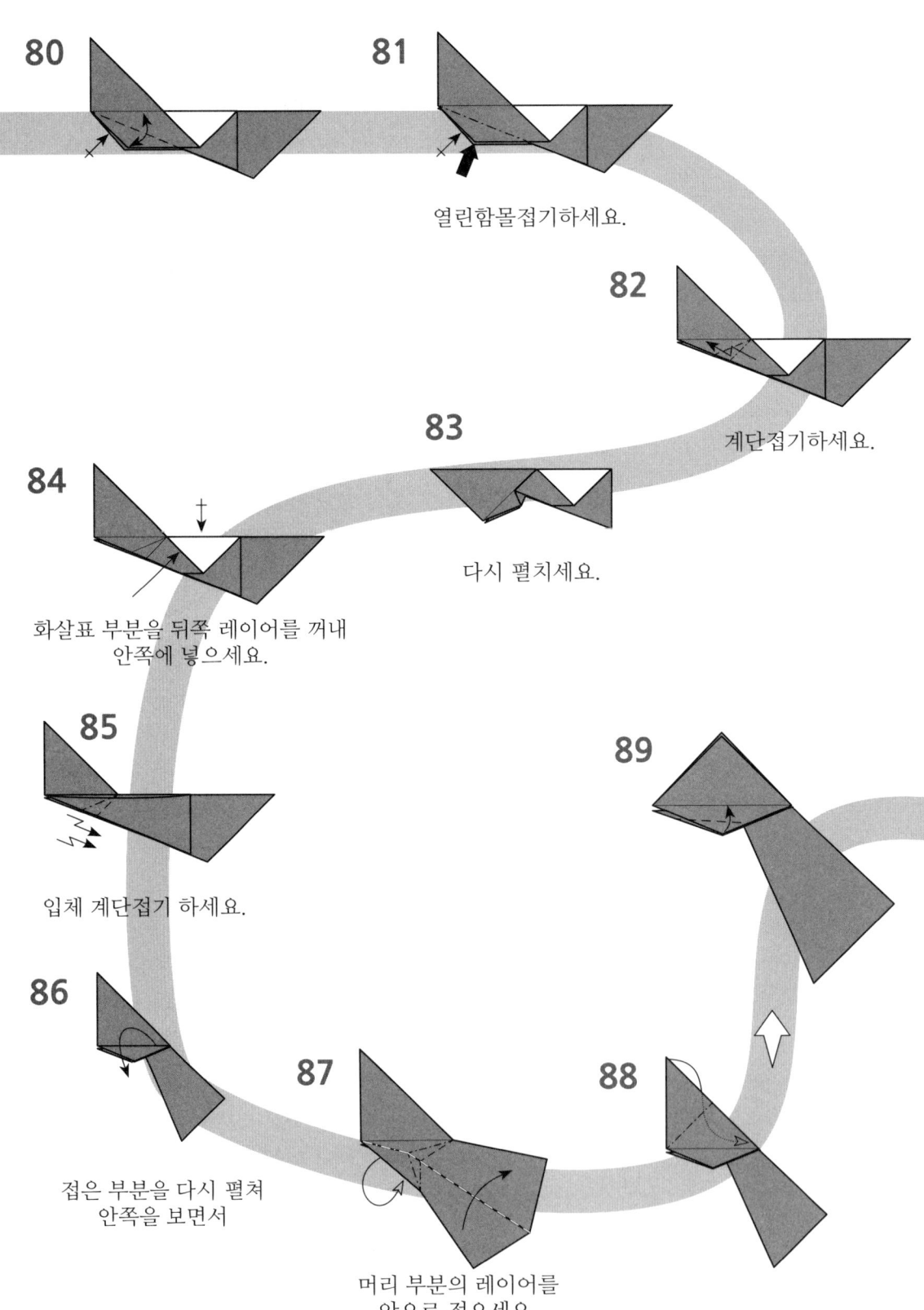

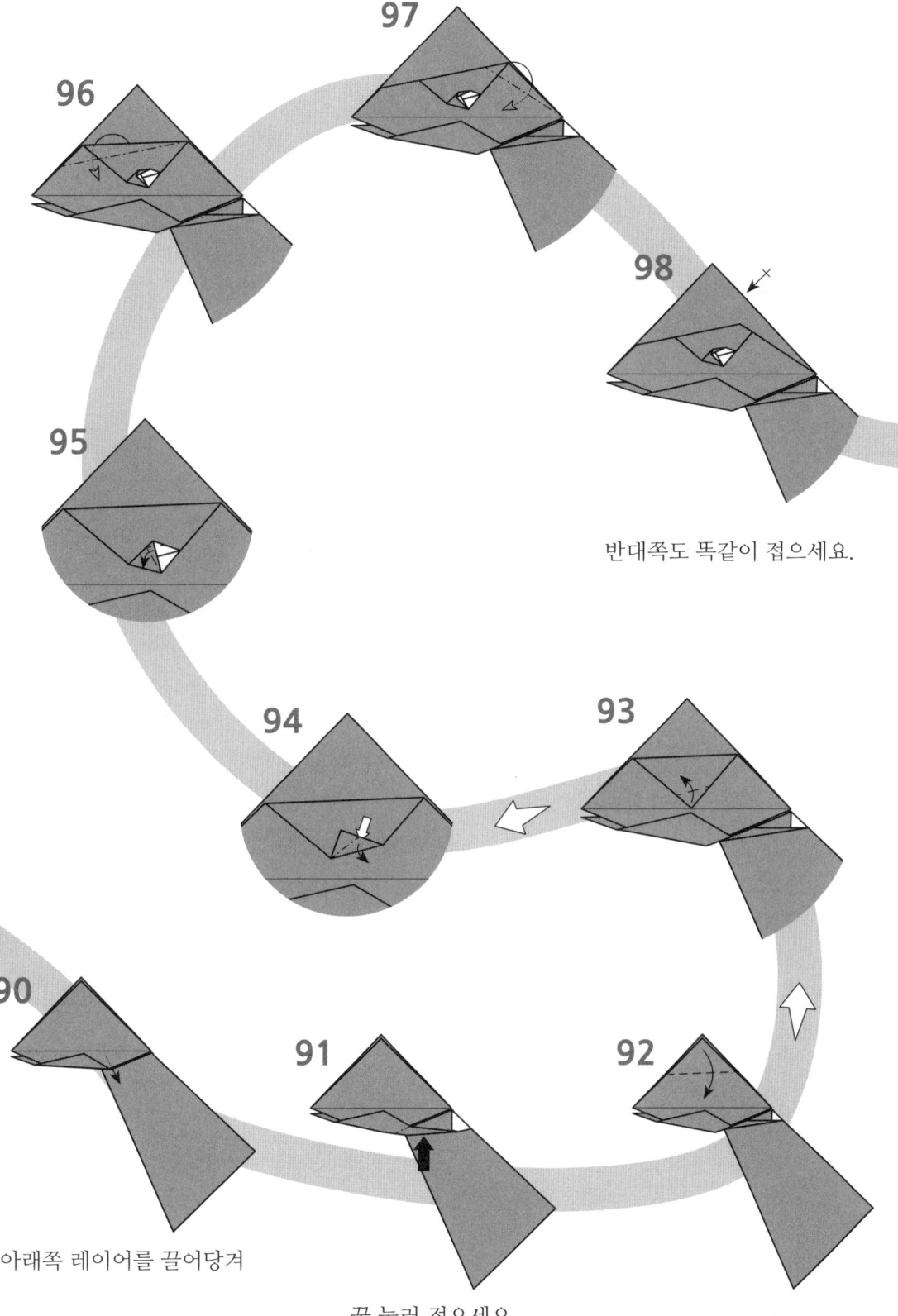

반대쪽도 똑같이 접으세요.

아래쪽 레이어를 끌어당겨

꾹 눌러 접으세요.

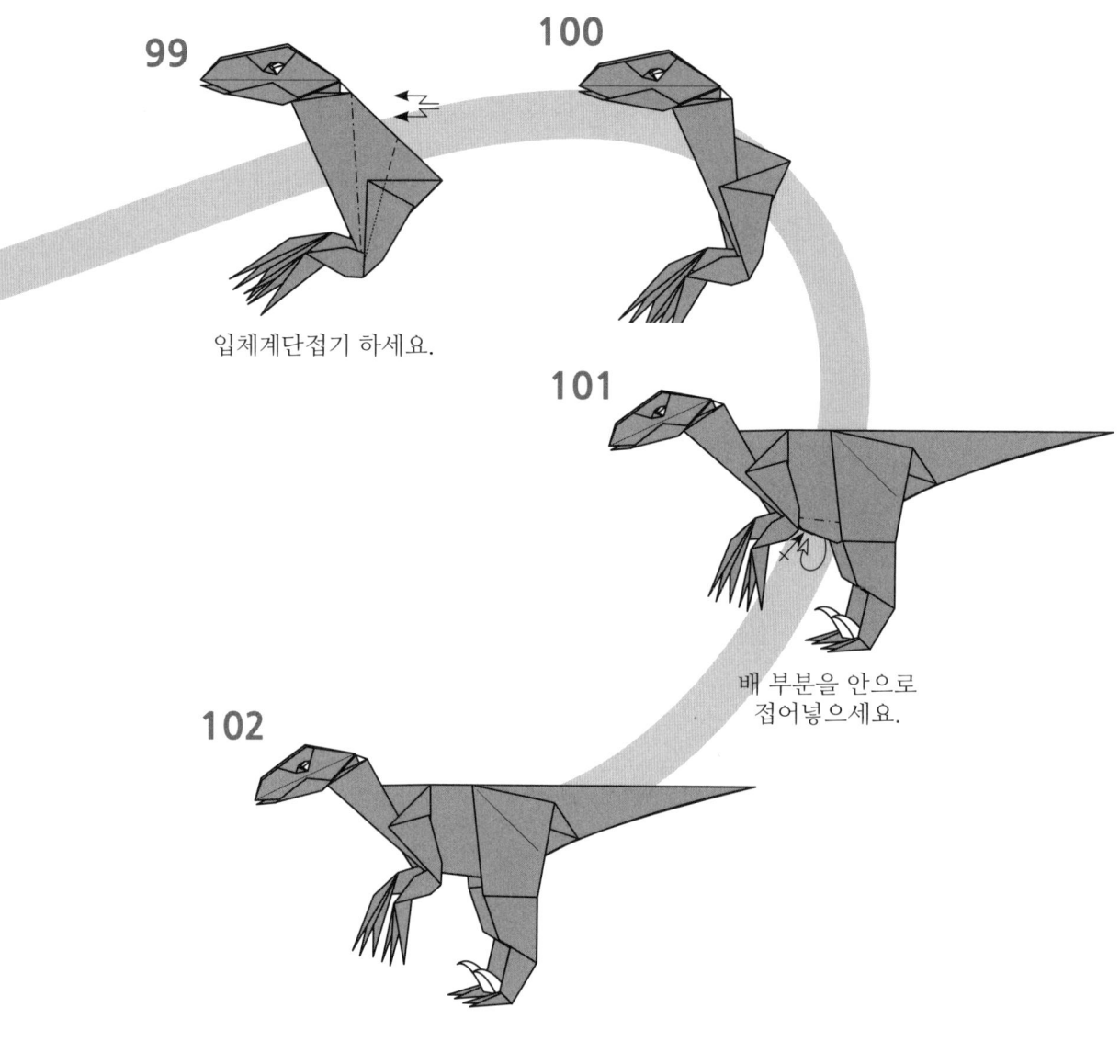

트리케라톱스

창작 : 최주영(SN)
도면 : 오규석(jassu)

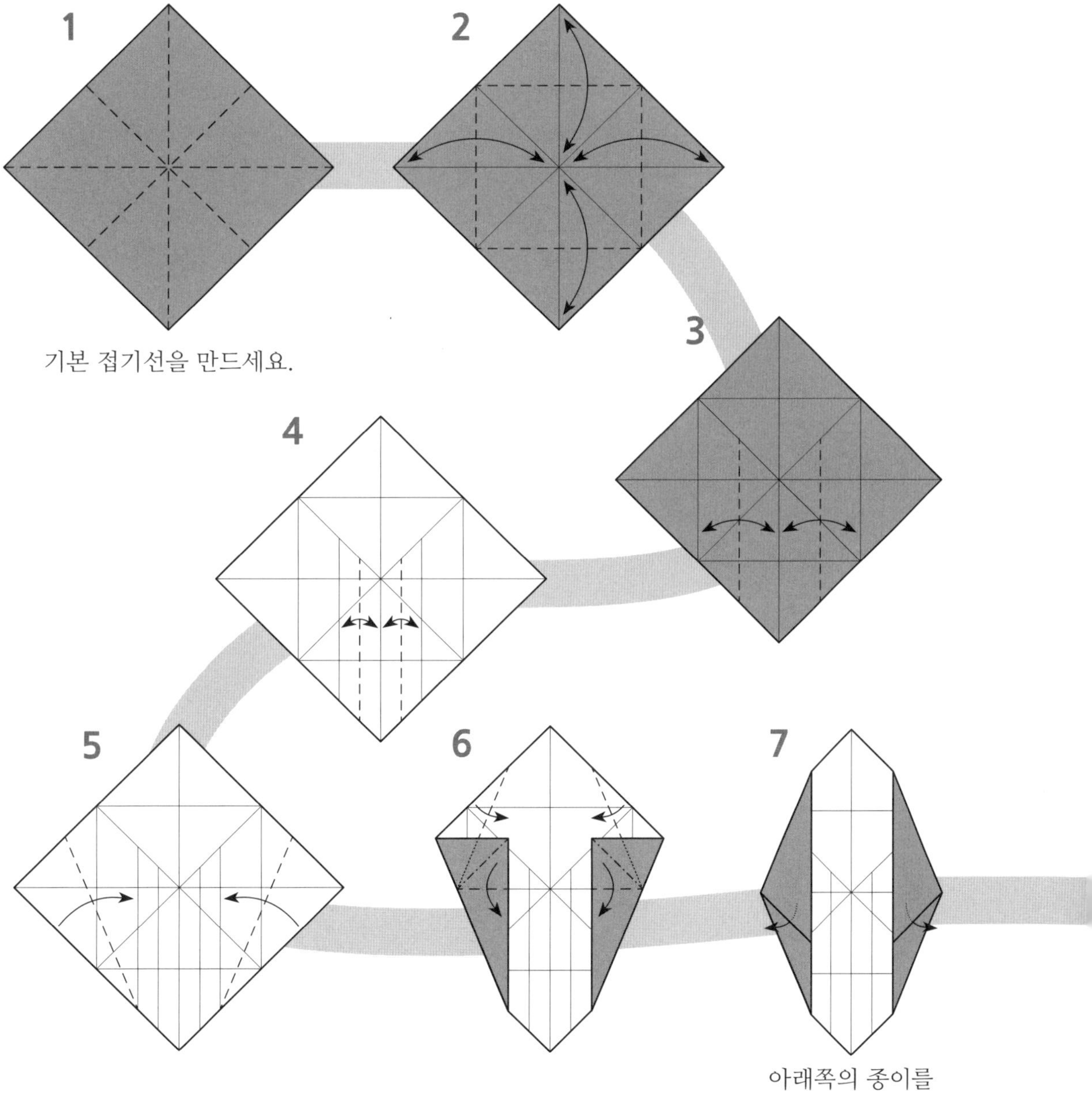

1 기본 접기선을 만드세요.

2

3

4

5

6

7 아래쪽의 종이를 꺼내세요.

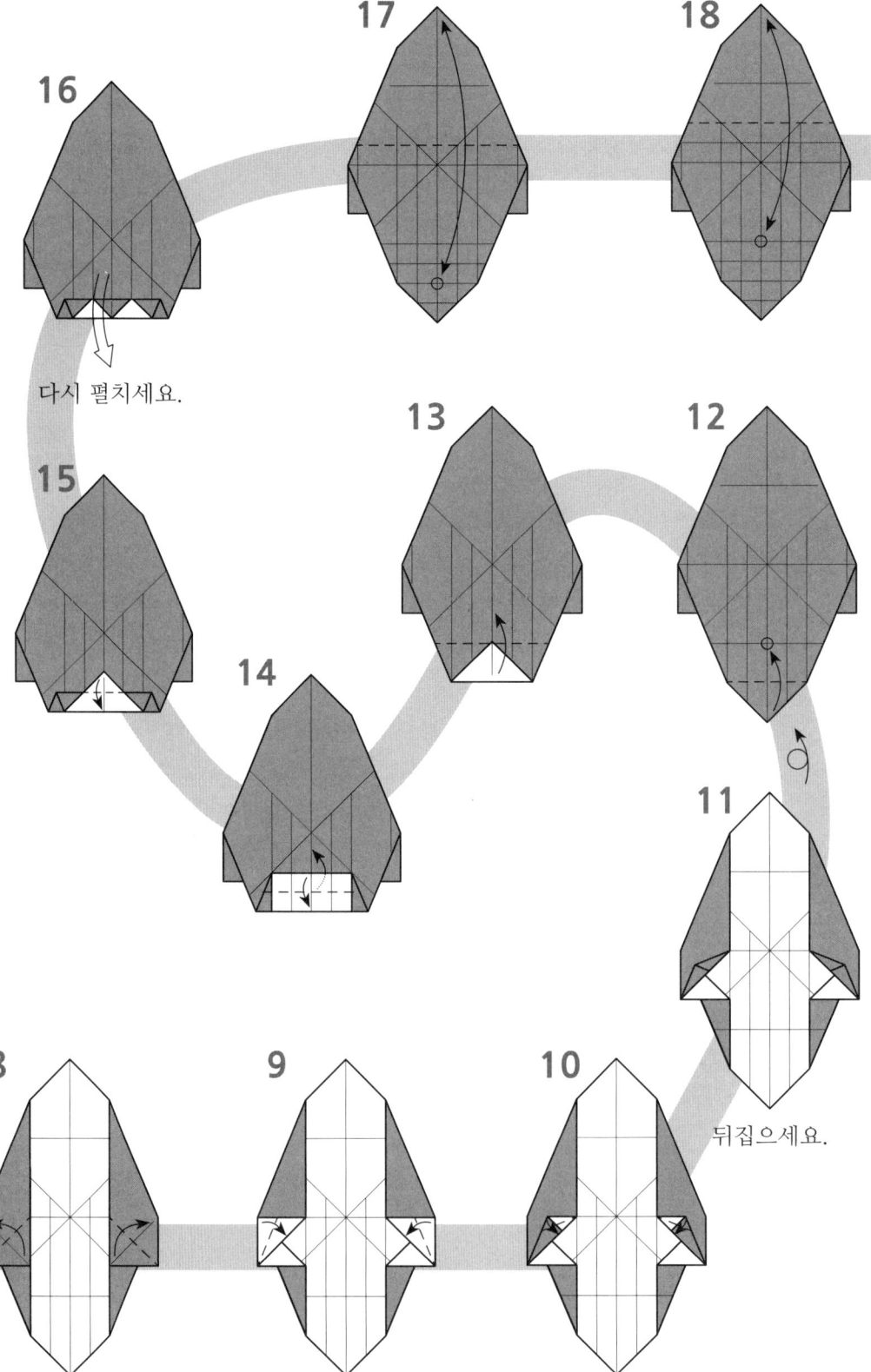

다시 펼치세요.

뒤집으세요.

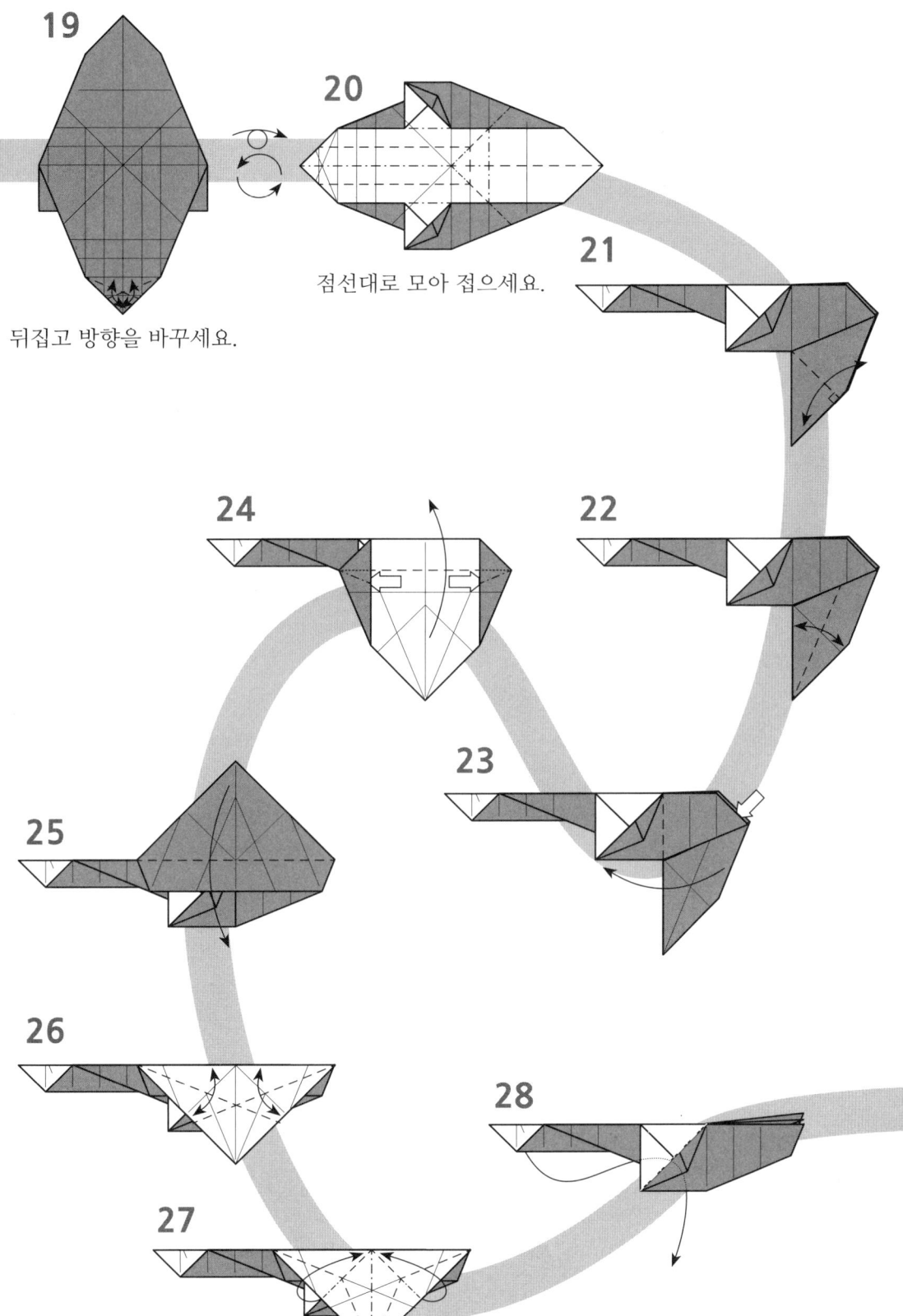

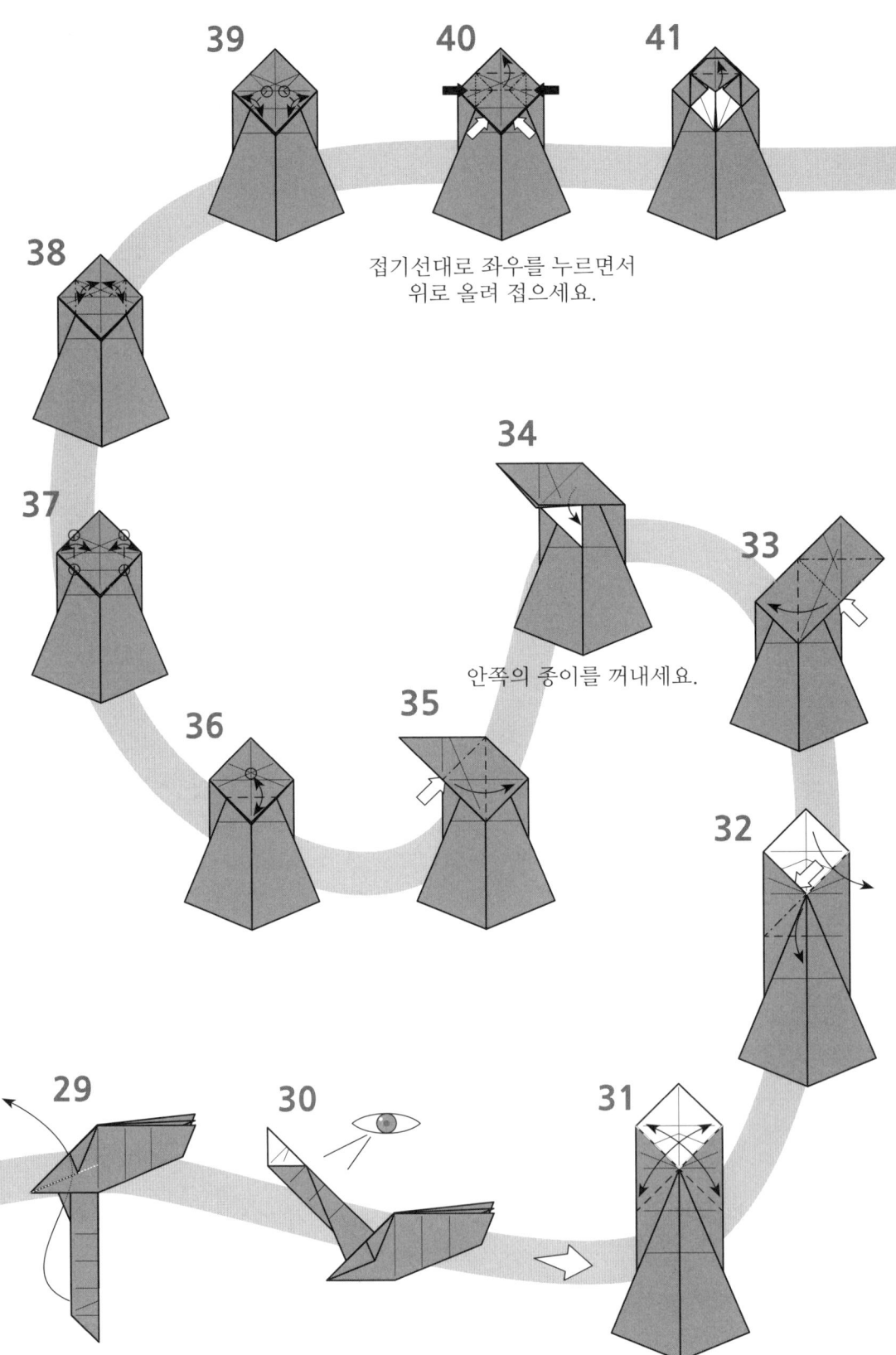

접기선대로 좌우를 누르면서
위로 올려 접으세요.

안쪽의 종이를 꺼내세요.

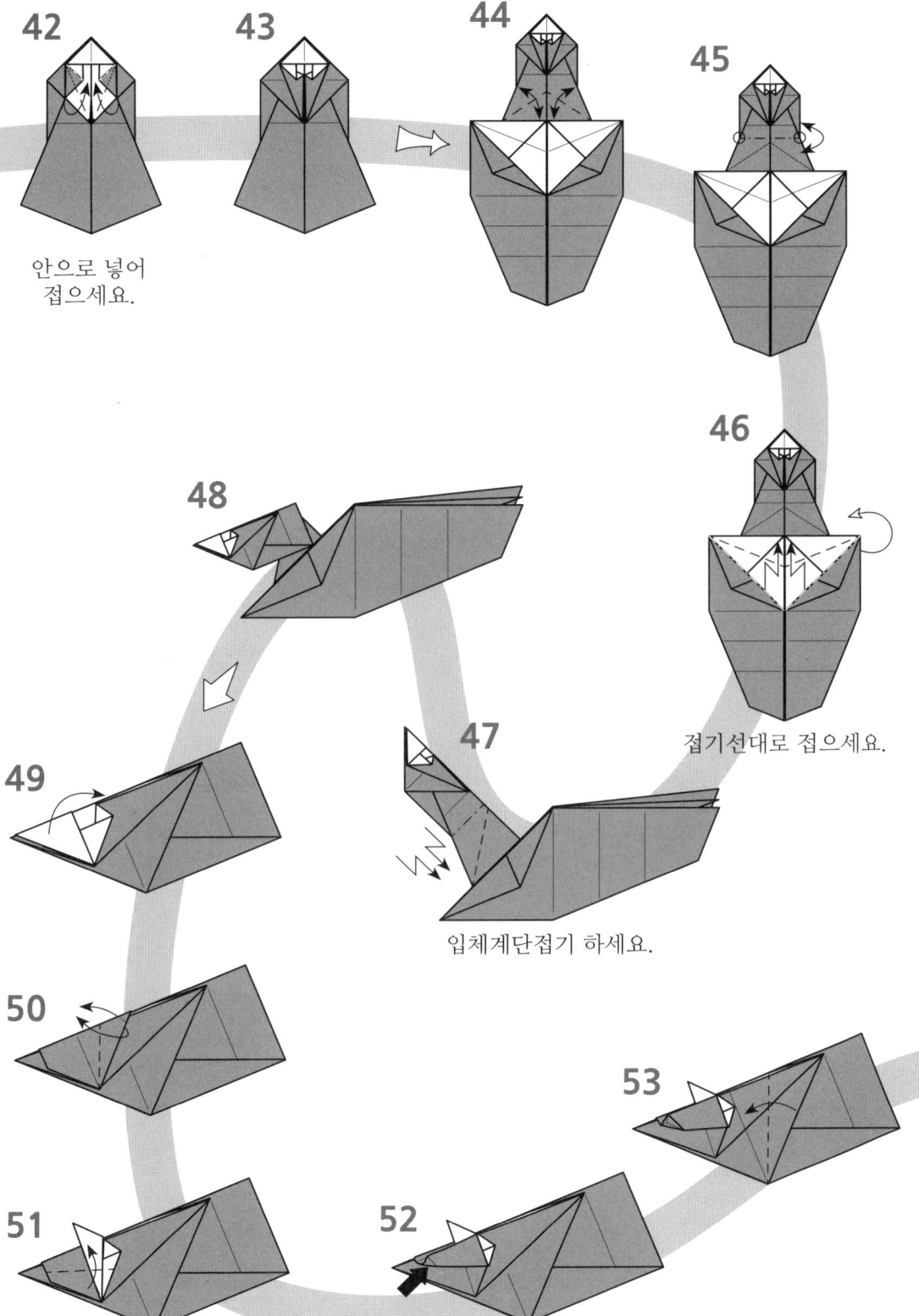

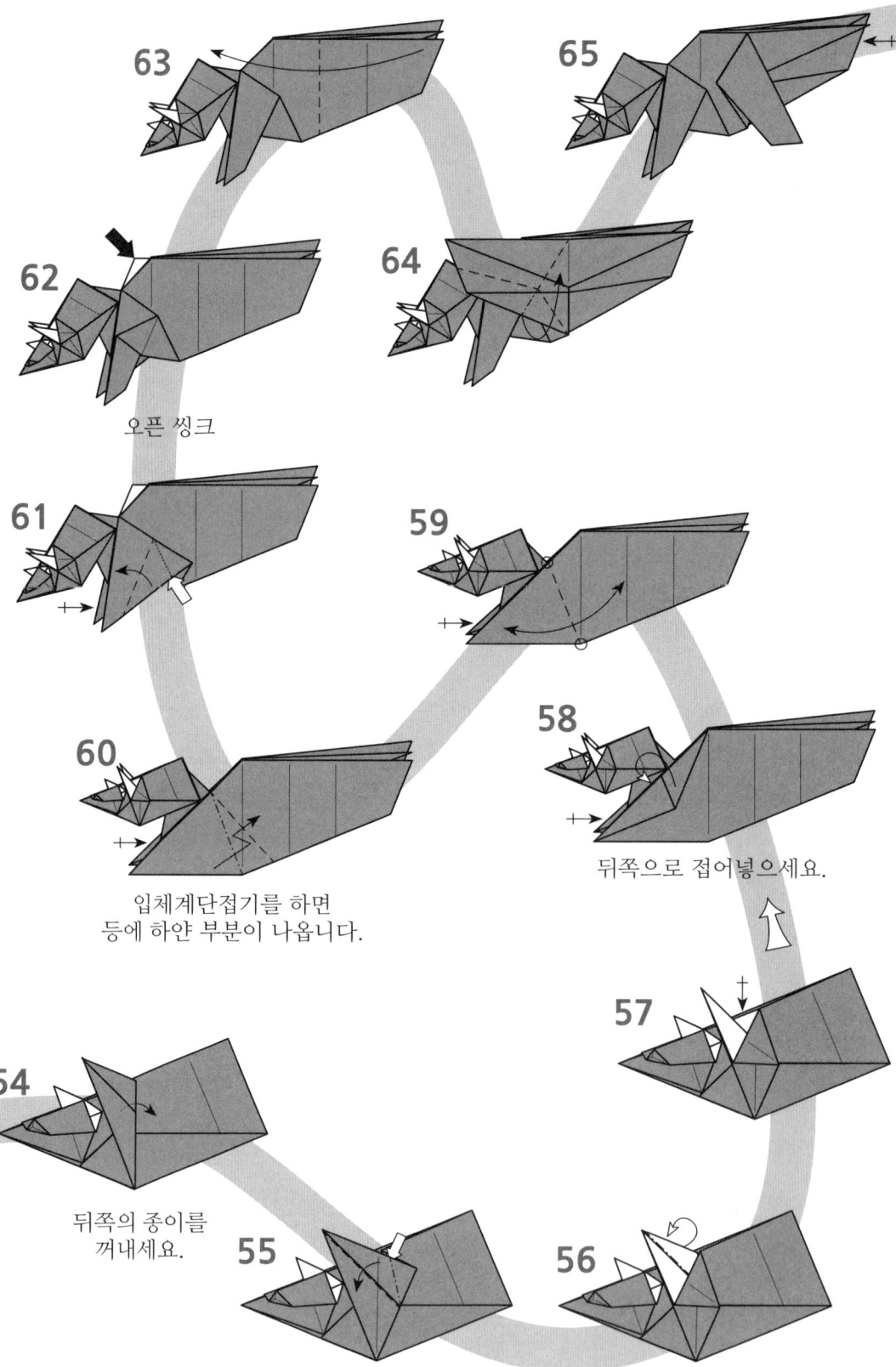

62 오픈 씽크

60 입체계단접기를 하면 등에 하얀 부분이 나옵니다.

58 뒤쪽으로 접어넣으세요.

54 뒤쪽의 종이를 꺼내세요.

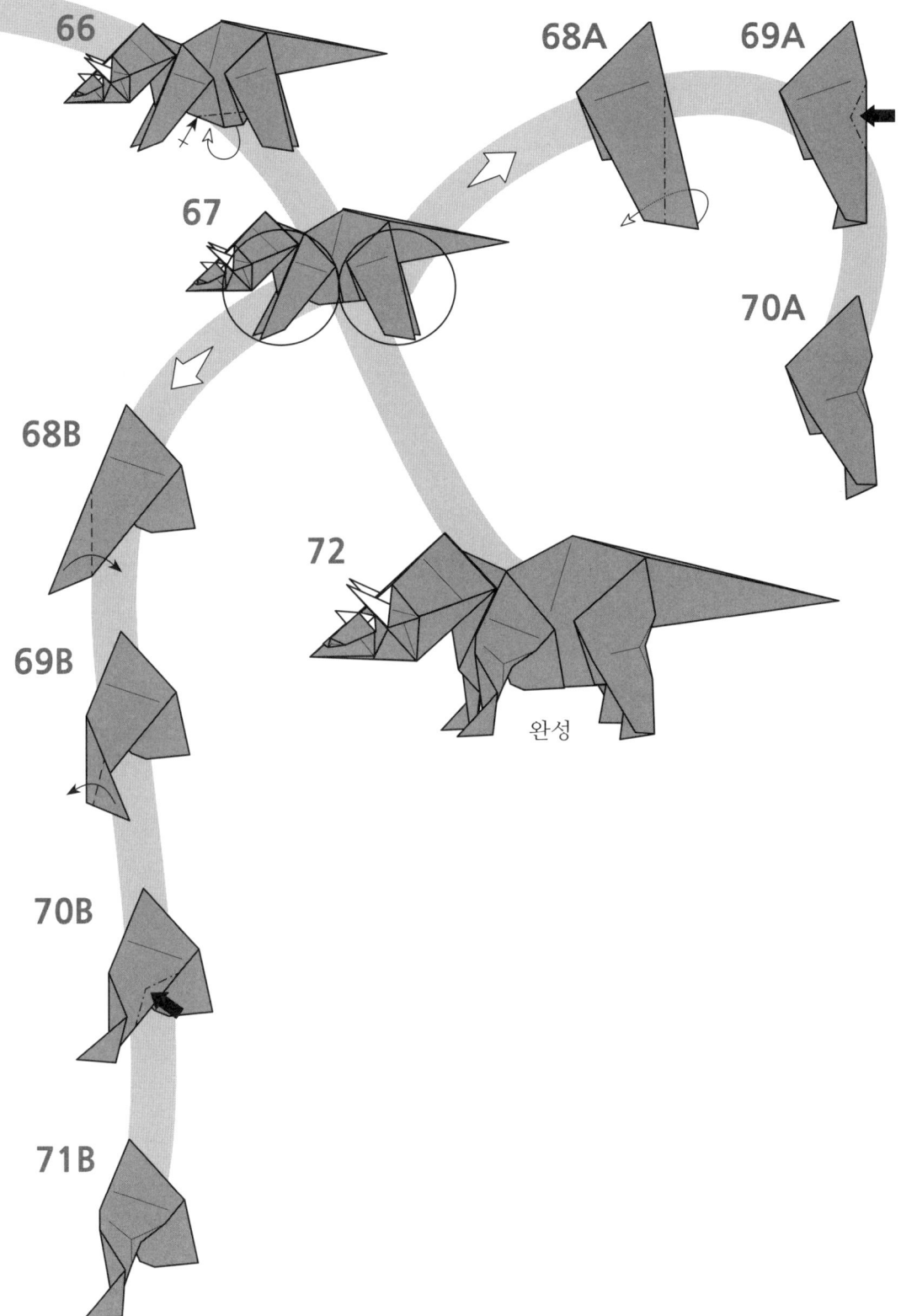

완성

말

창작 : 최주영(SN)
도면 : 오규석(jassu)

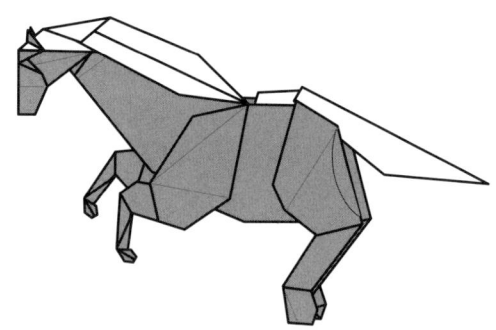

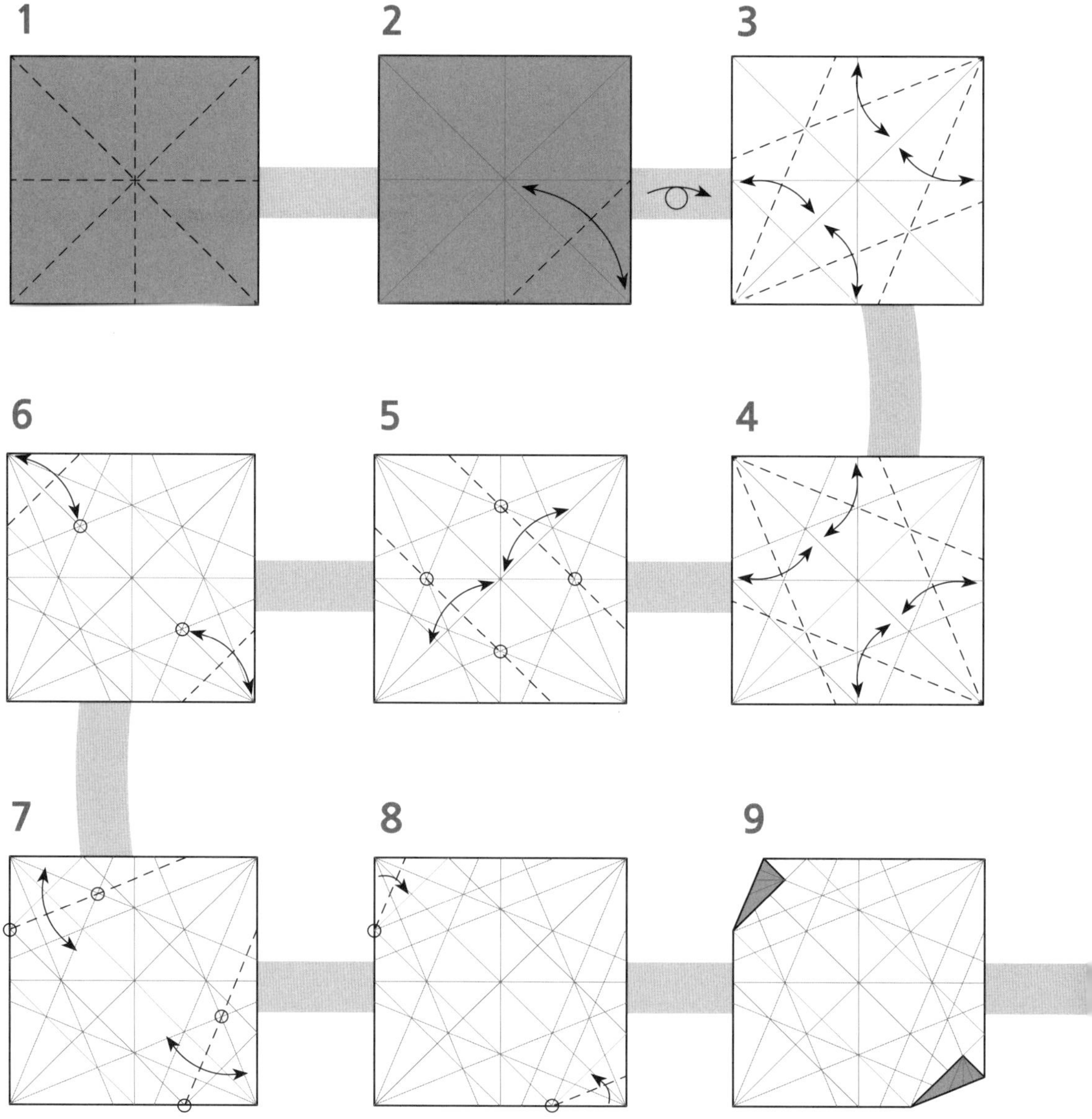

뒤집으세요.

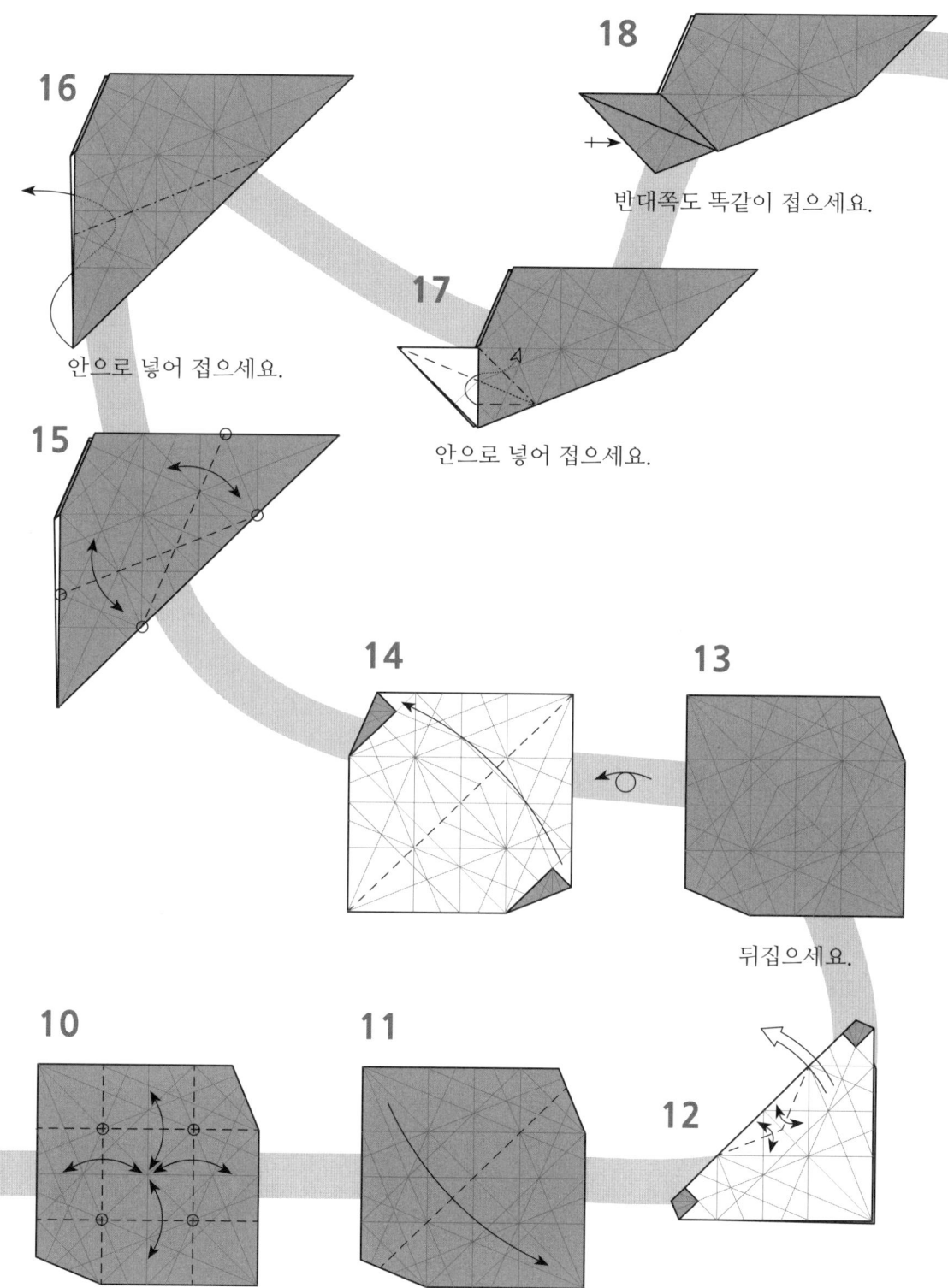

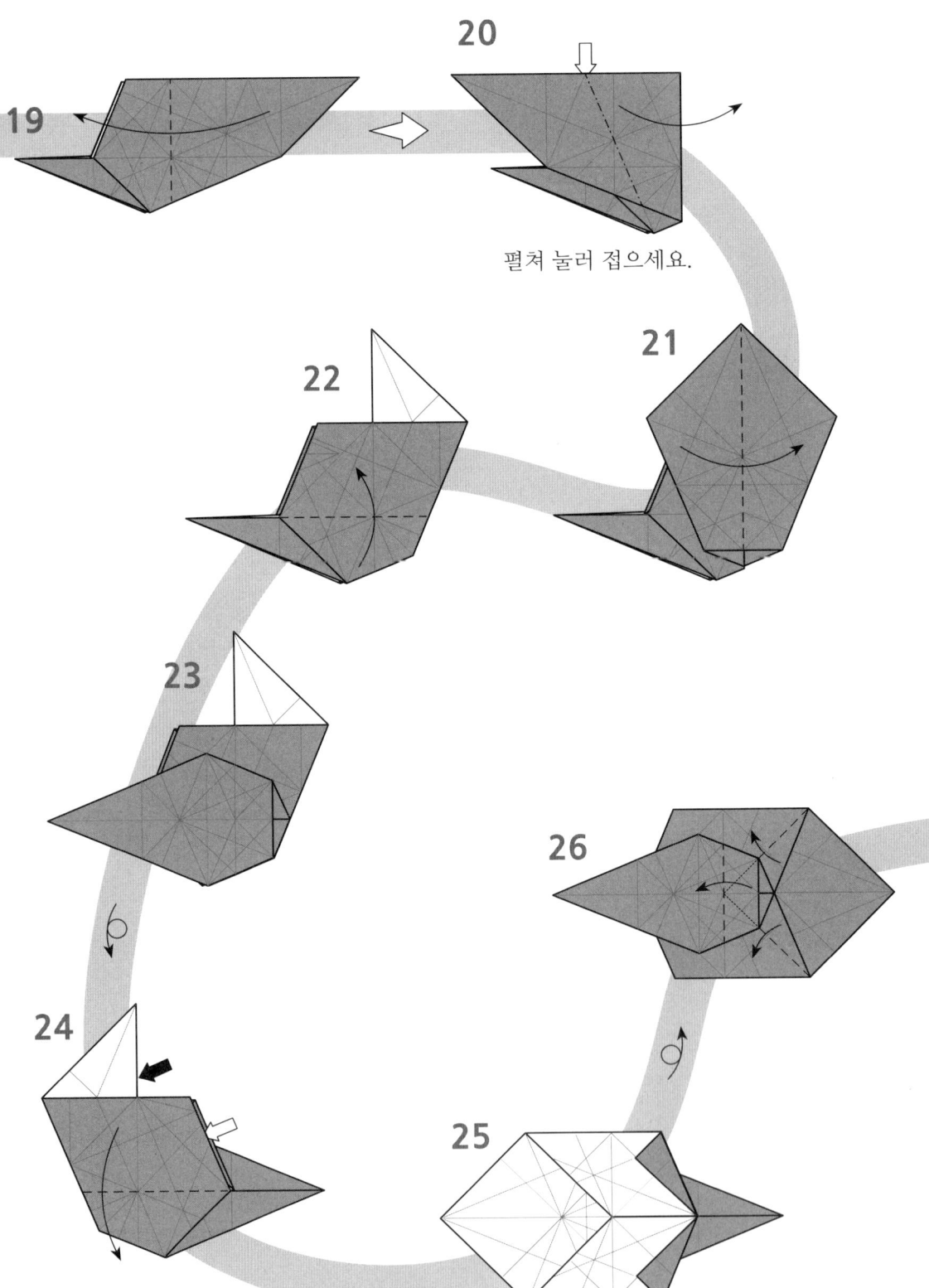

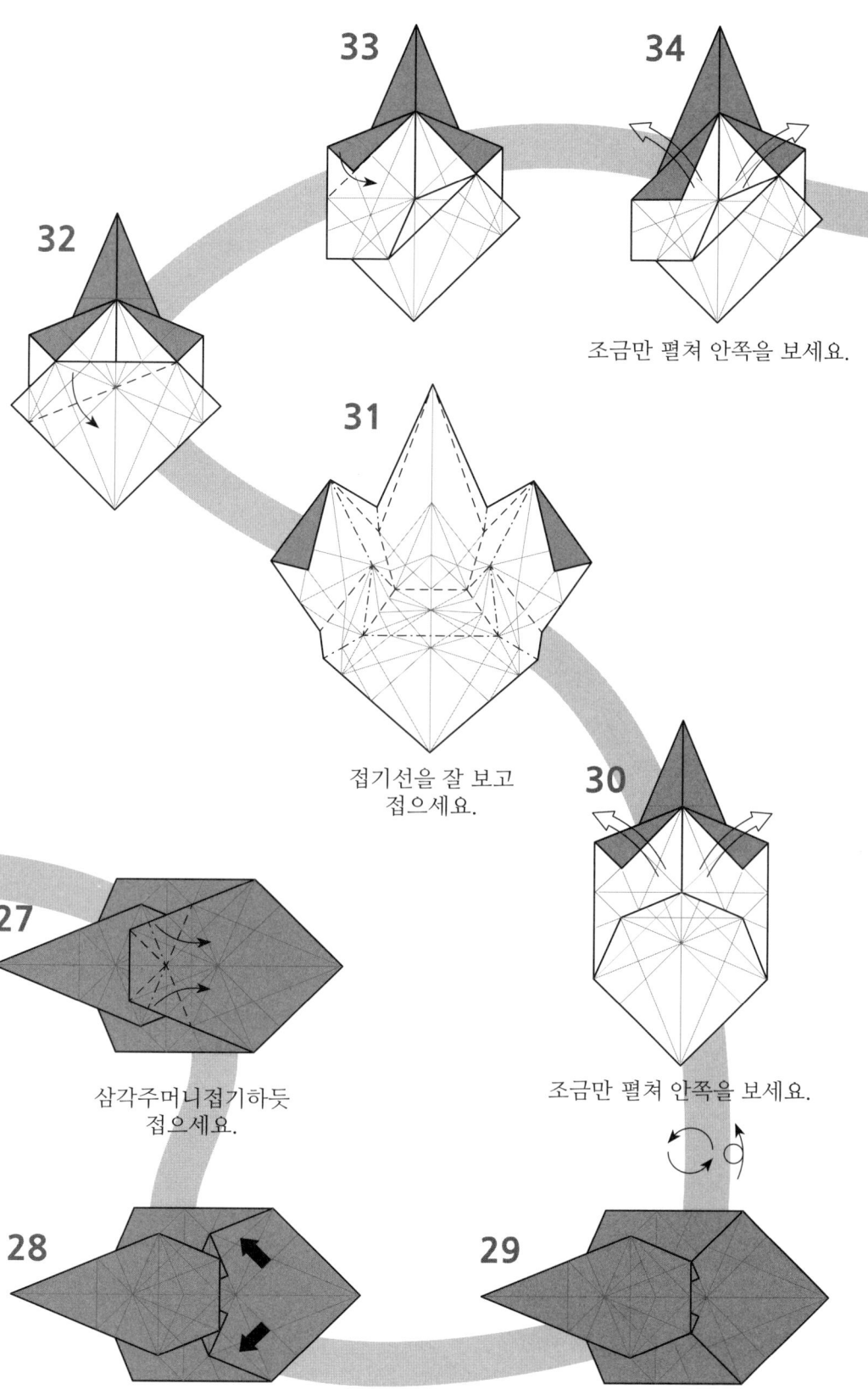

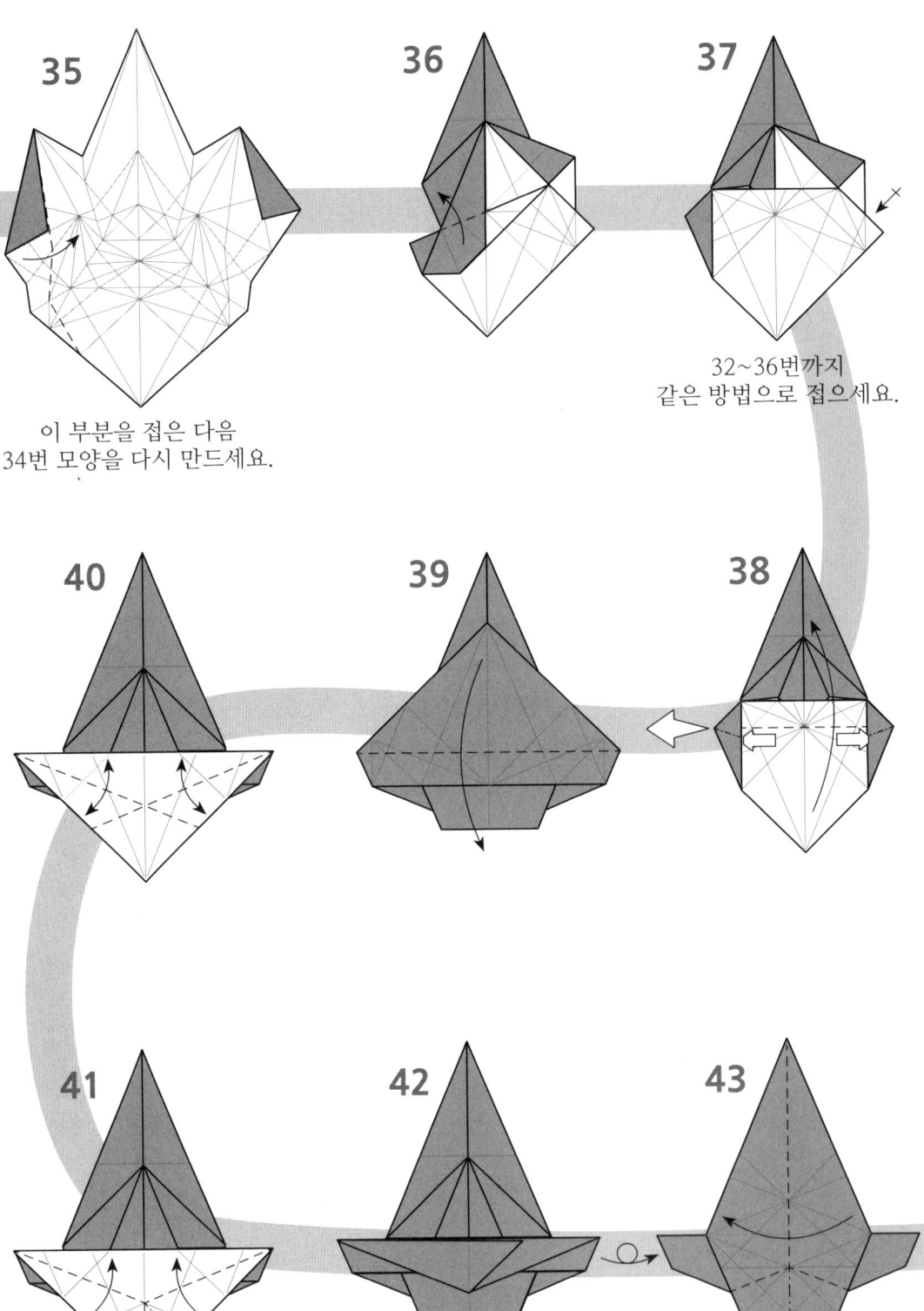

35 이 부분을 접은 다음 34번 모양을 다시 만드세요.

37 32~36번까지 같은 방법으로 접으세요.

42 뒤집으세요.

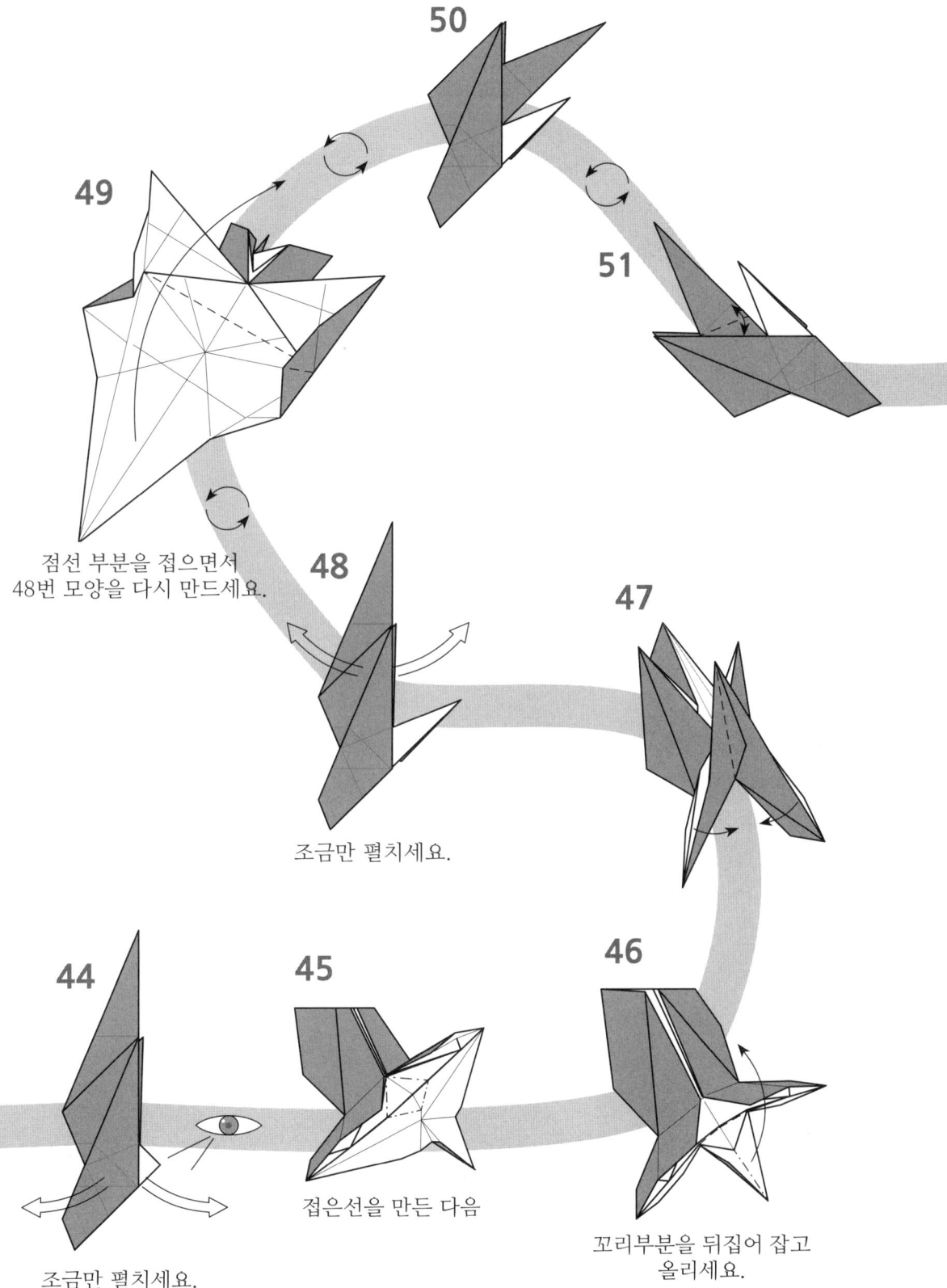

점선 부분을 접으면서
48번 모양을 다시 만드세요.

조금만 펼치세요.

조금만 펼치세요.

접은선을 만든 다음

꼬리부분을 뒤집어 잡고
올리세요.

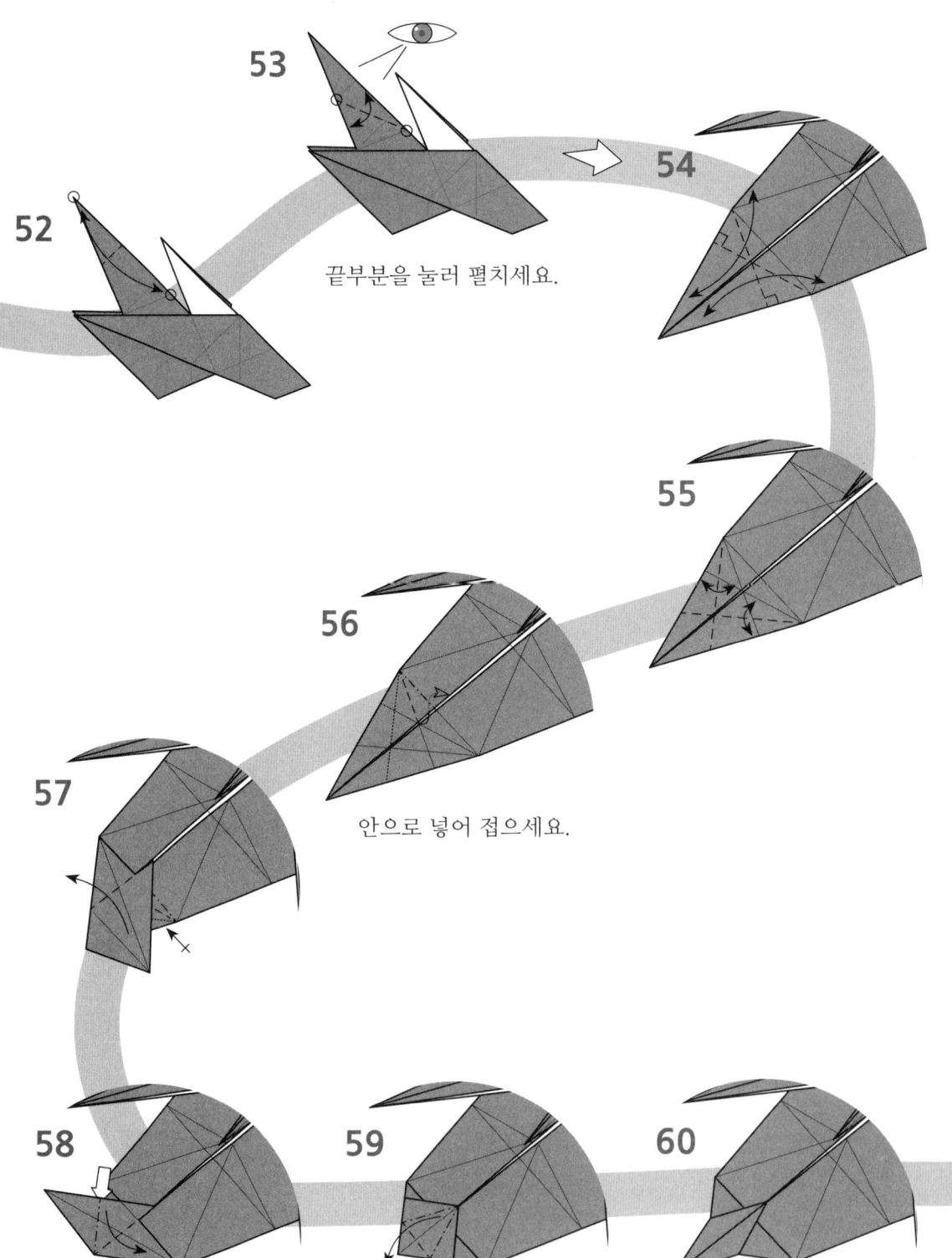

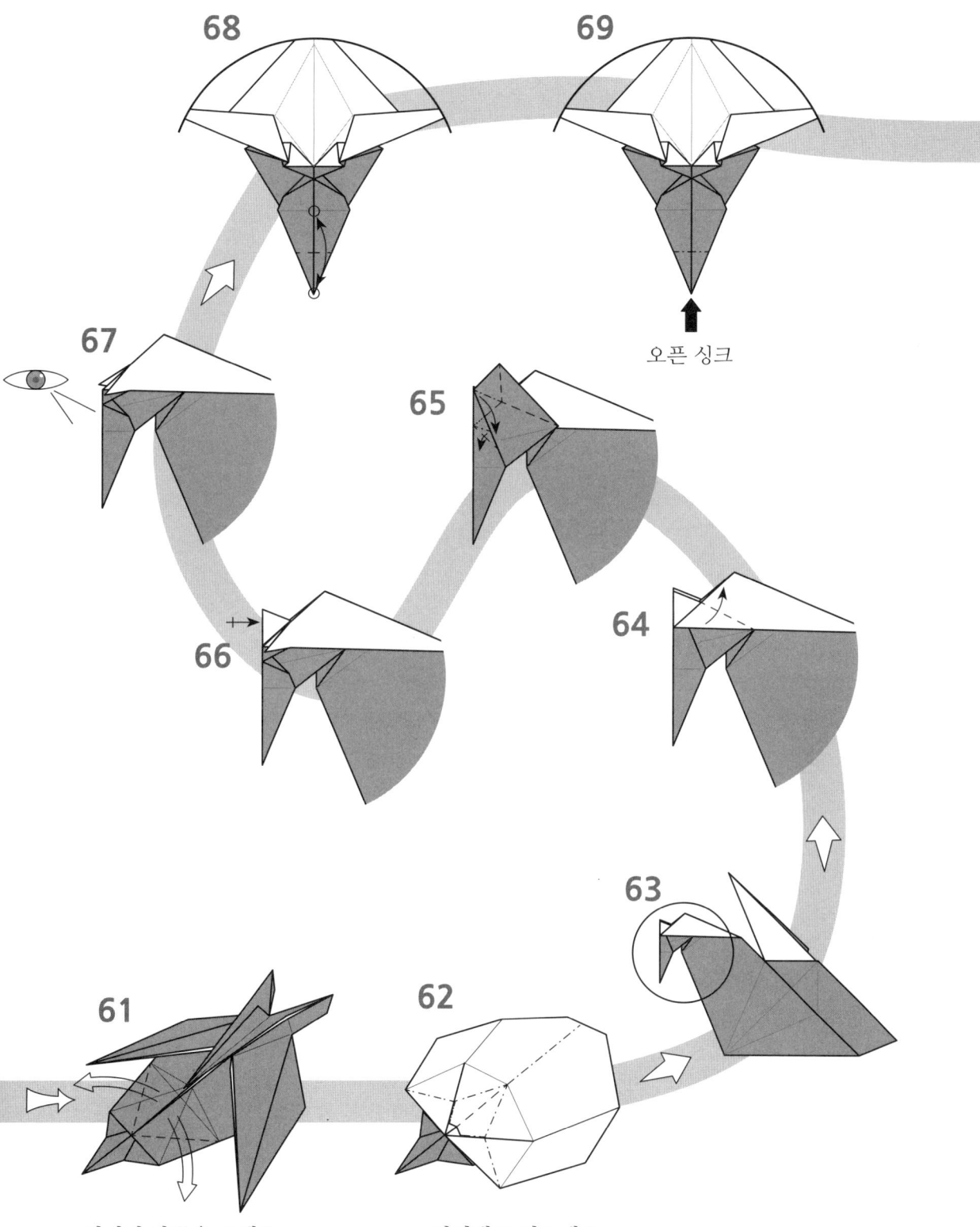

펼쳐서 안쪽을 보세요.   점선대로 접으세요.   오픈 싱크

31

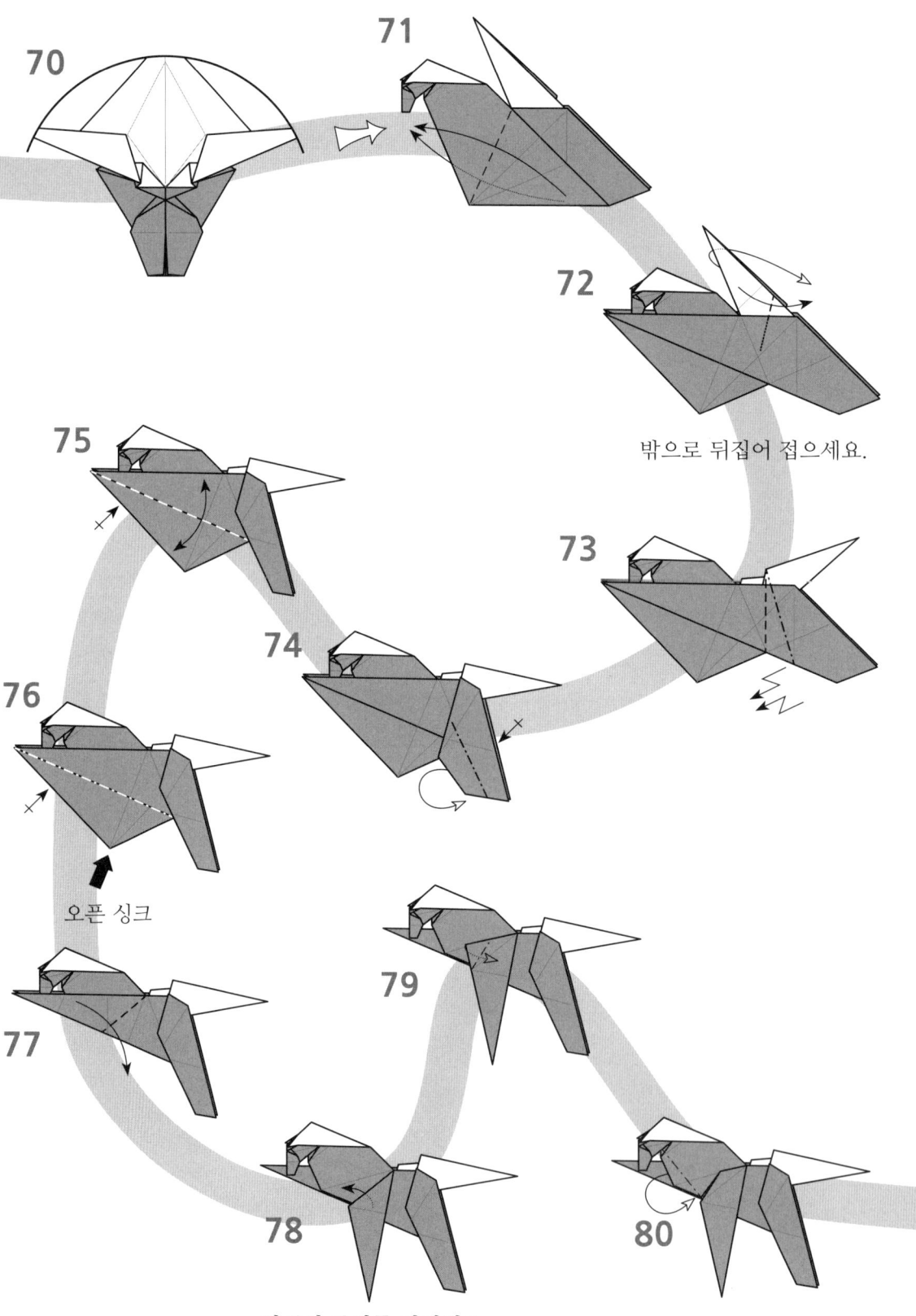

밖으로 뒤집어 접으세요.

오픈 싱크

안쪽의 종이를 꺼내세요.

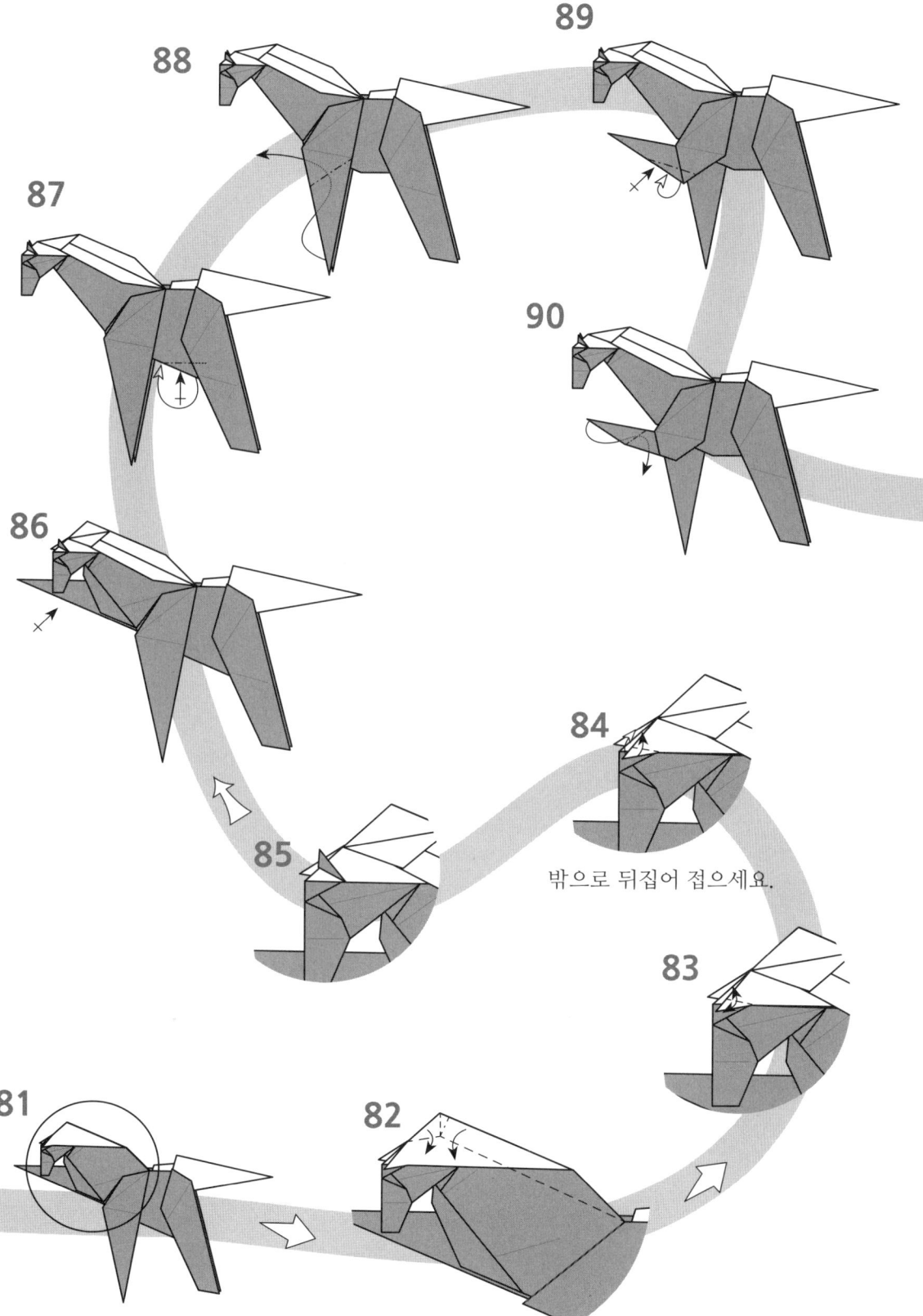

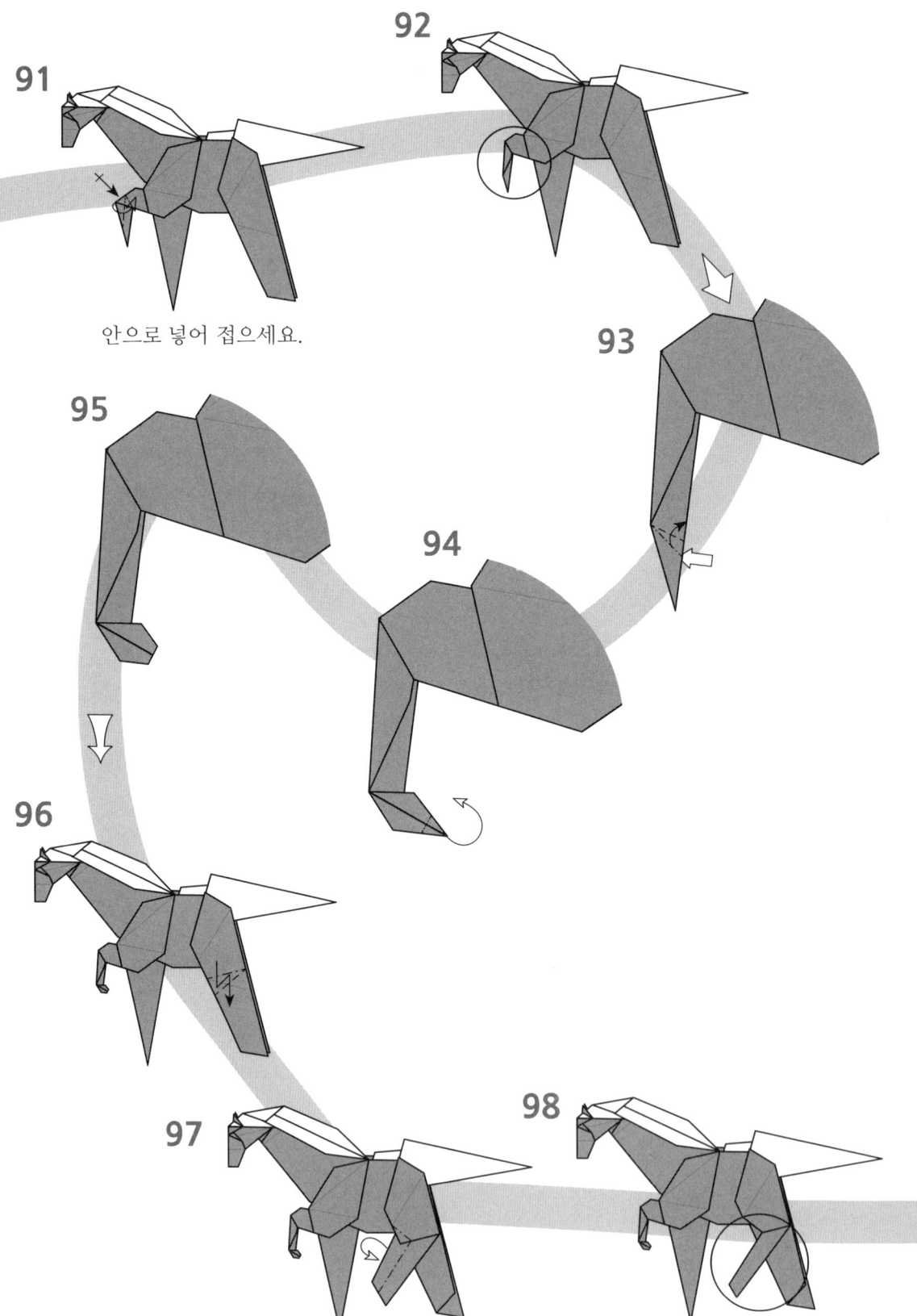

안으로 넣어 접으세요.

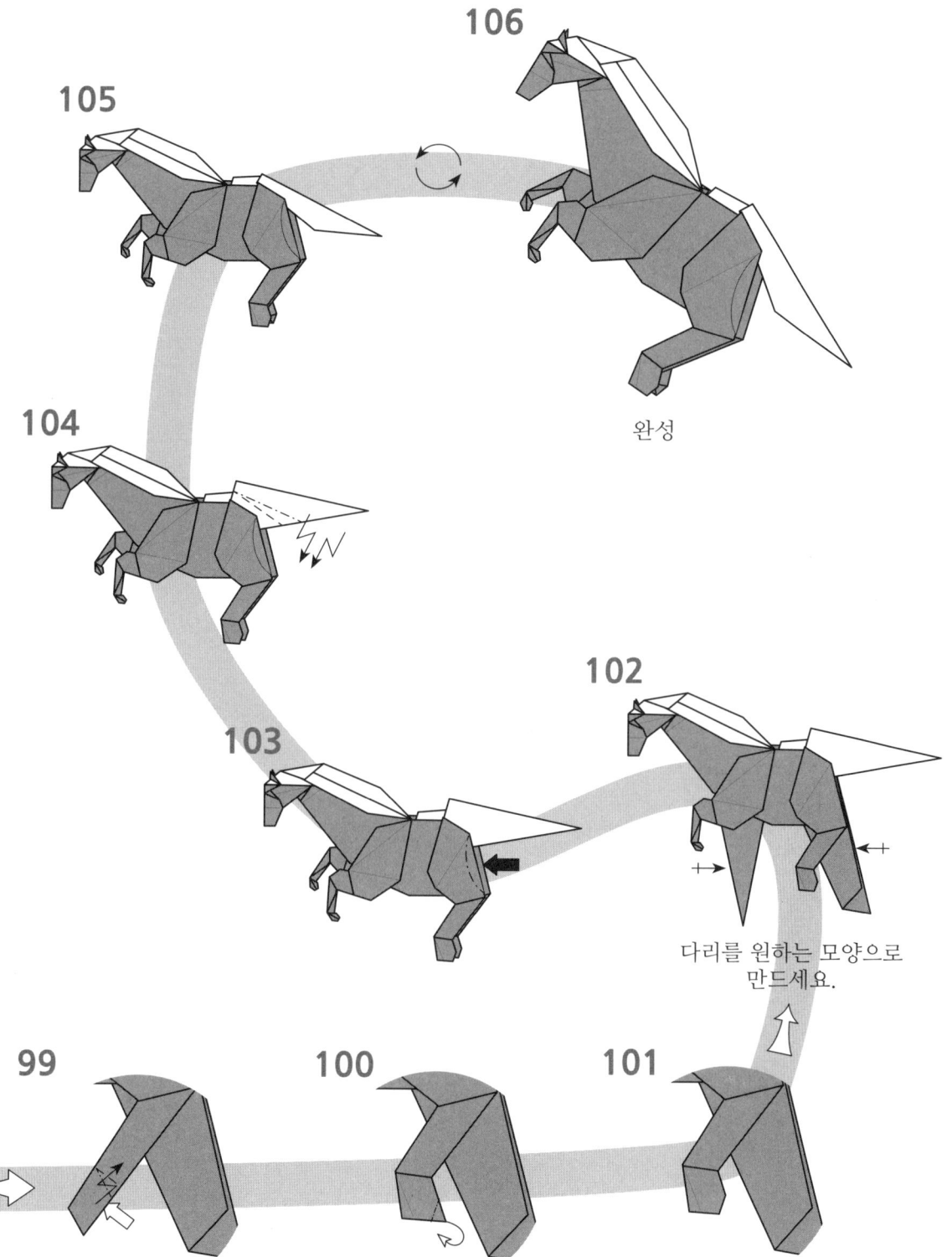

완성

다리를 원하는 모양으로 만드세요.

박쥐

창작 : 허순강(노르케스)
도면 : 오규석(jassu)

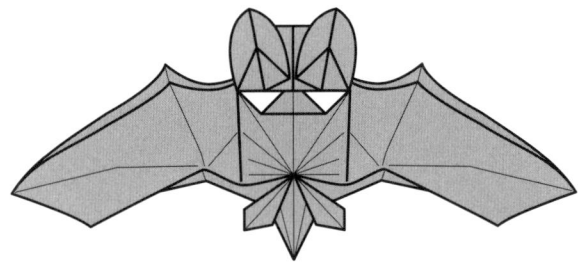

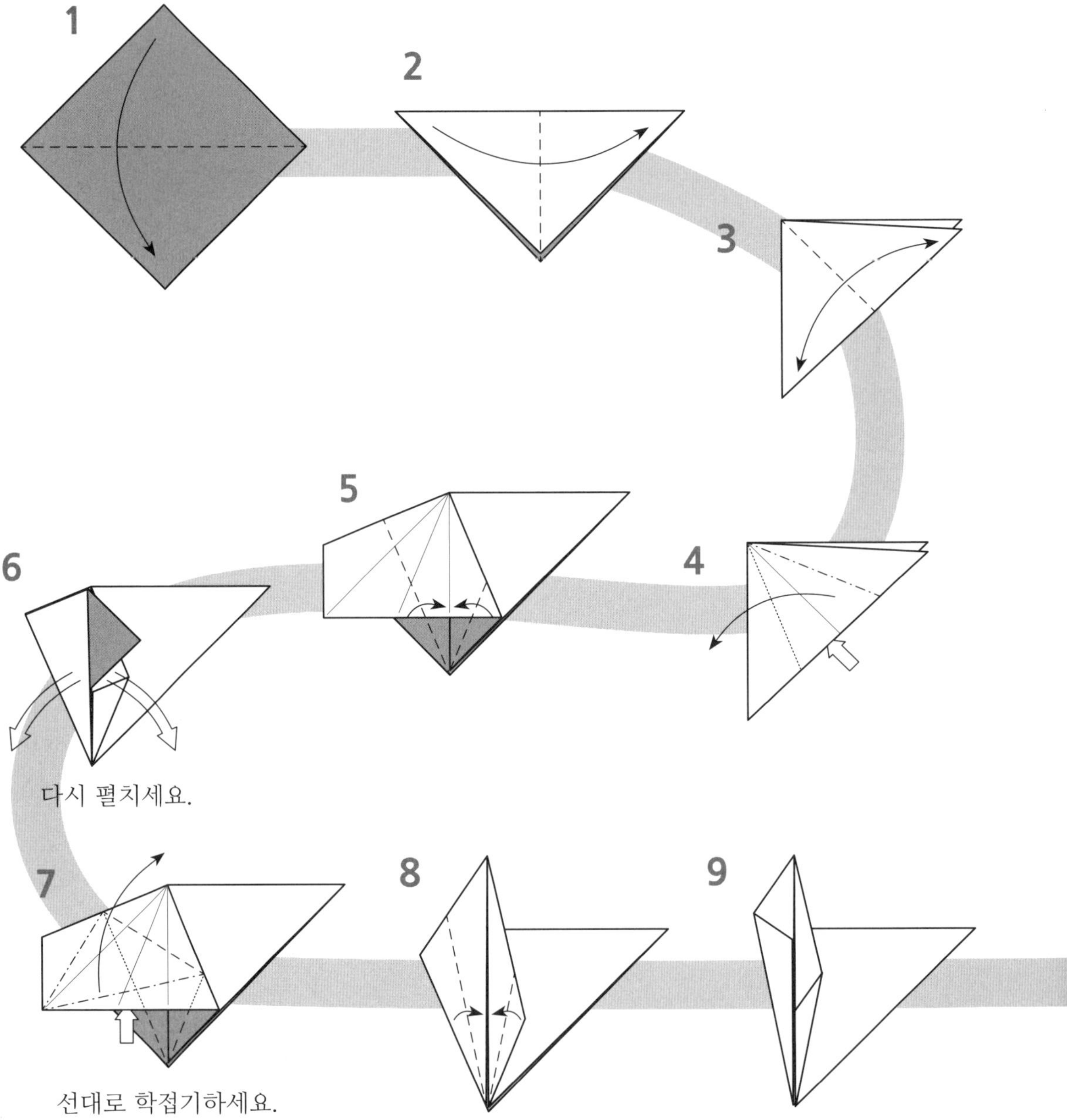
1
2
3
4
5
6
다시 펼치세요.
7
선대로 학접기하세요.
8
9
뒤집으세요.

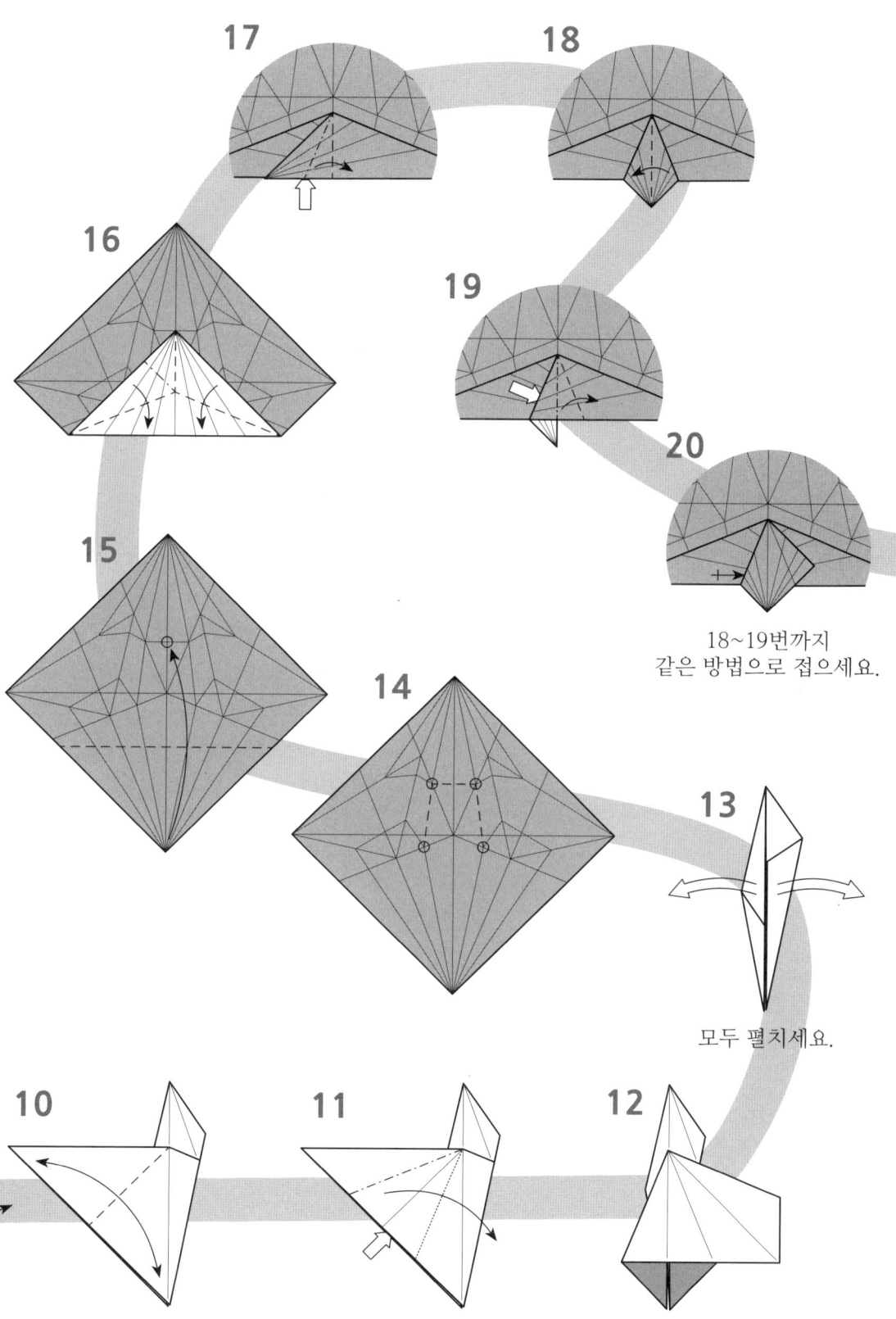

18~19번까지 같은 방법으로 접으세요.

모두 펼치세요.

5~8번까지 같은 방법으로 접으세요.

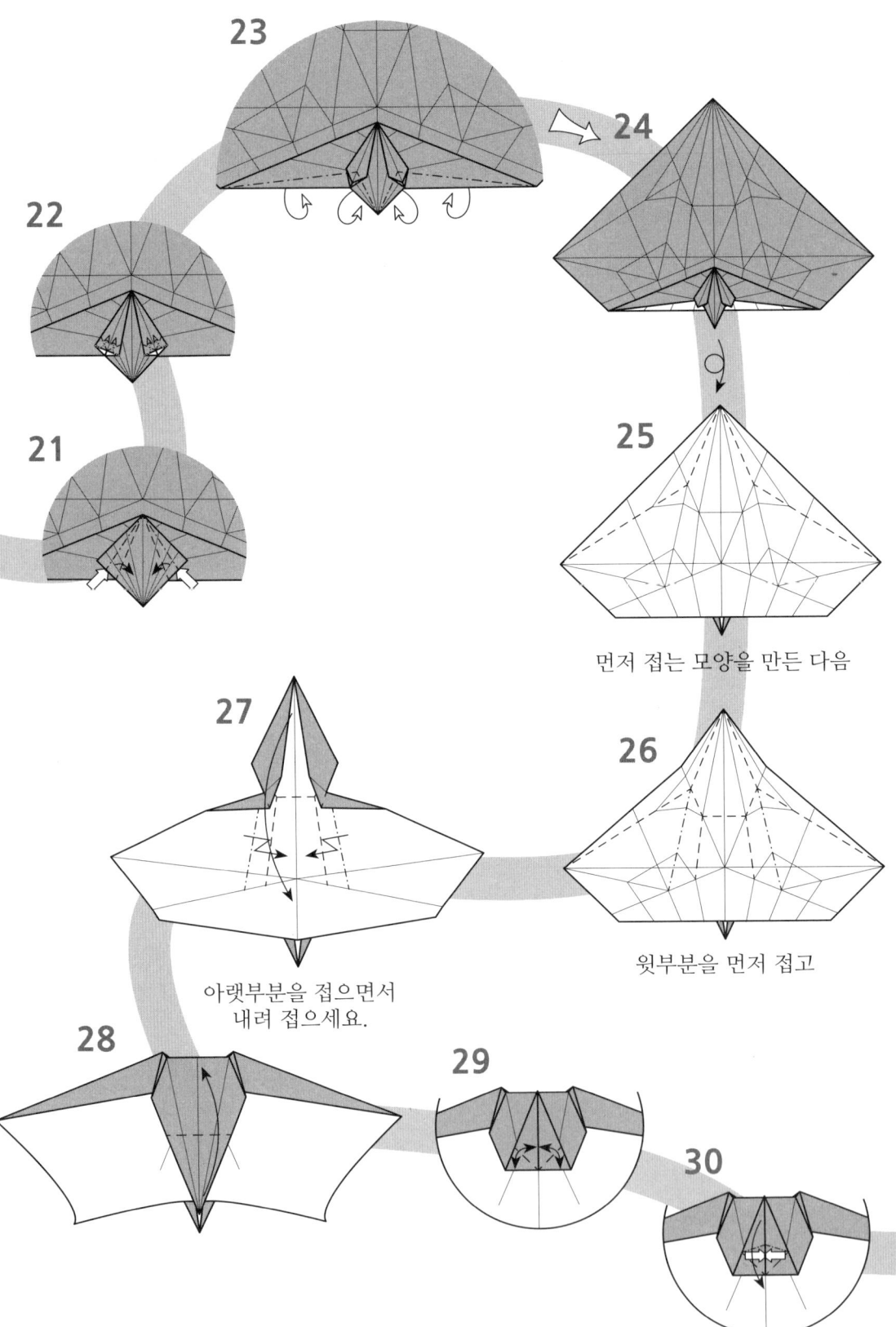

먼저 접는 모양을 만든 다음

윗부분을 먼저 접고

아랫부분을 접으면서
내려 접으세요.

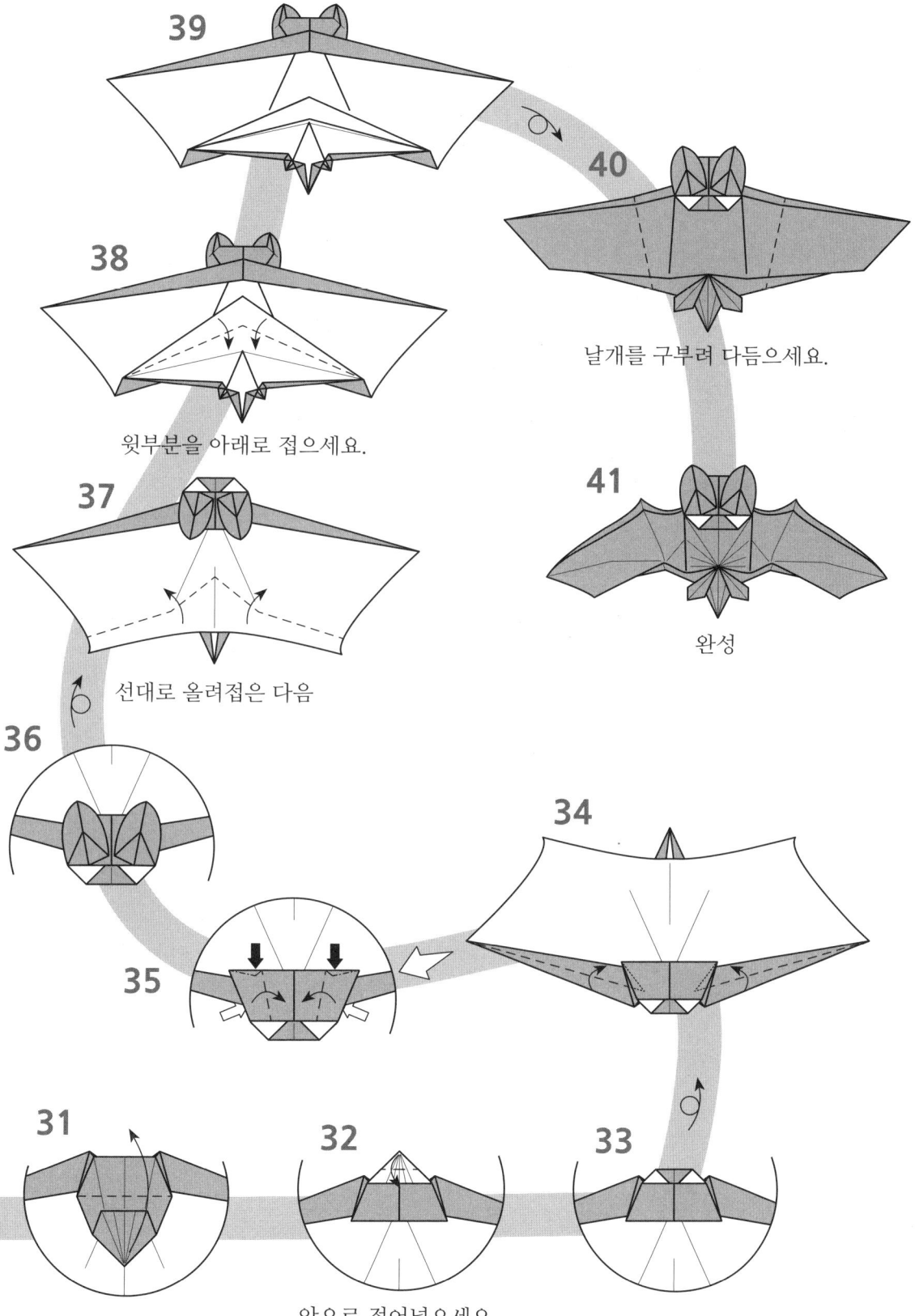

범선

창작 : 박종일(파스군)
도면 : 지미정

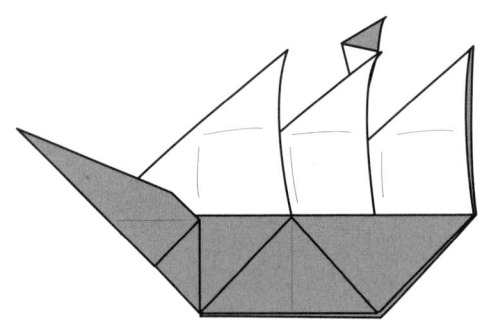

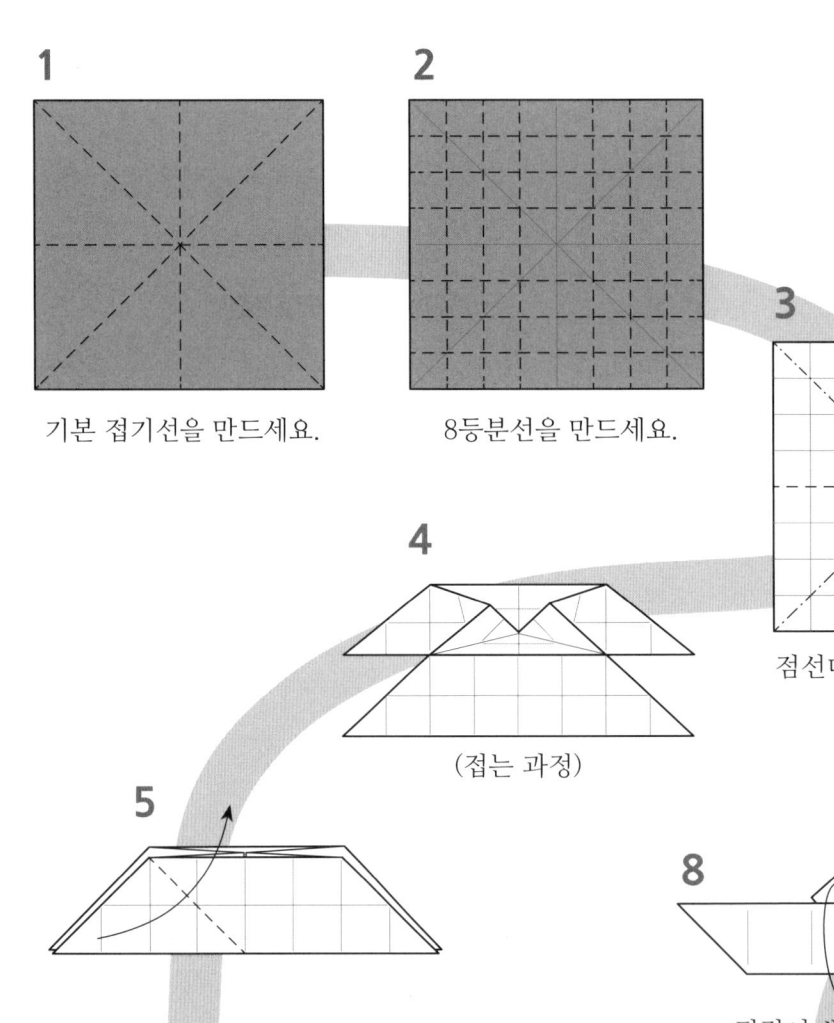

1 기본 접기선을 만드세요.

2 8등분선을 만드세요.

3 점선대로 모아 접으세요.

4 (접는 과정)

5

6 앞 장만 점선대로 계단접기하세요.

7 뒷 장을 점선대로 계단접기하며 아랫부분을 모두 올려 접으세요.

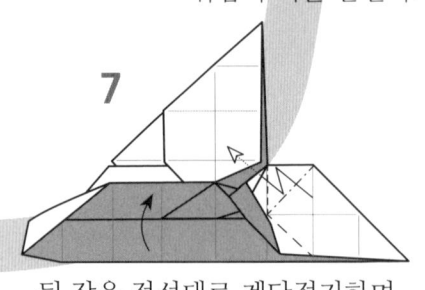

8 뒤집어 색을 반전시키세요.

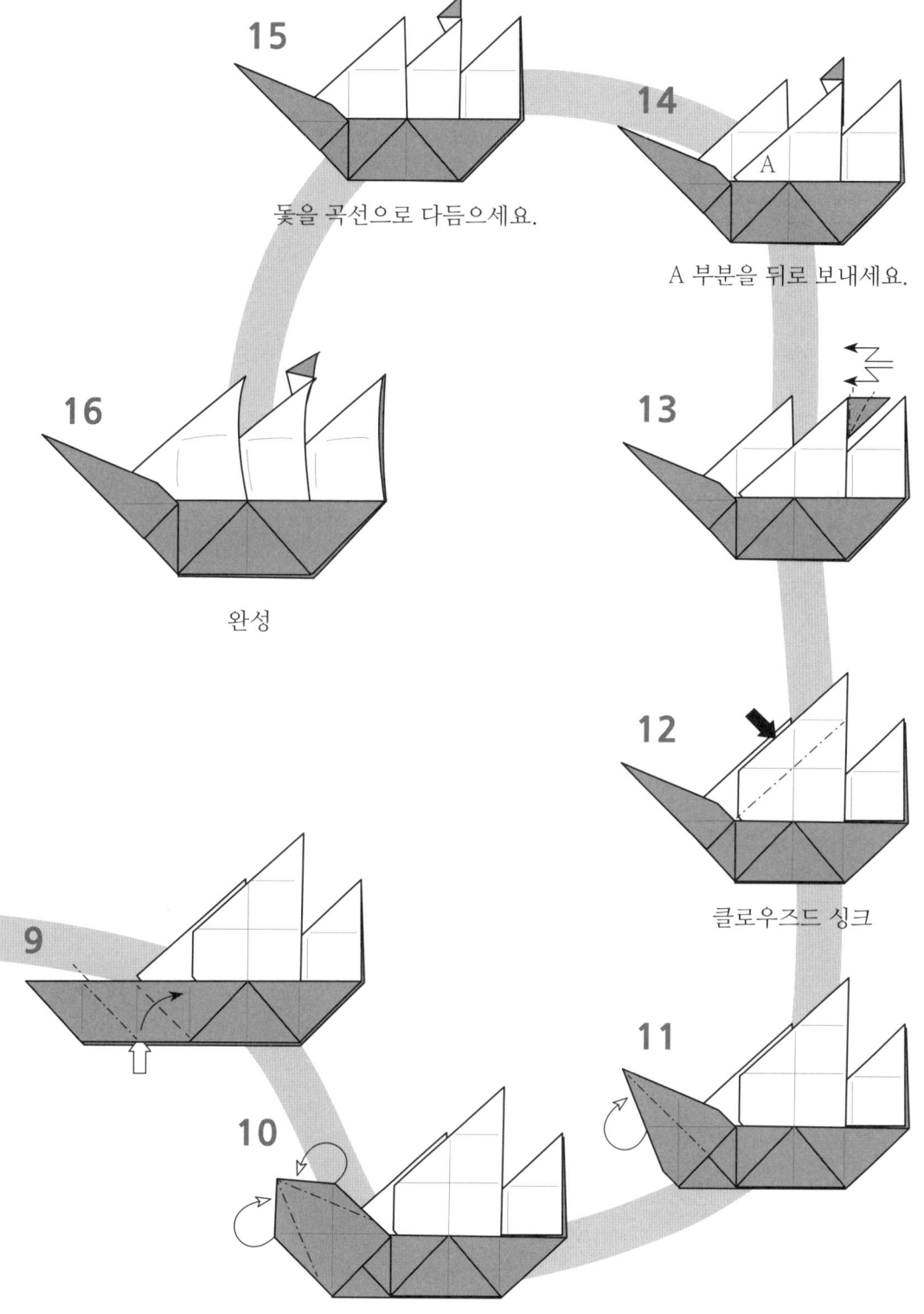

돛을 곡선으로 다듬으세요.

A 부분을 뒤로 보내세요.

완성

클로우즈드 싱크

눈송이

창작/도면 : 이인섭
Design : 2014/2/14
Diagram : 2017/5/7

1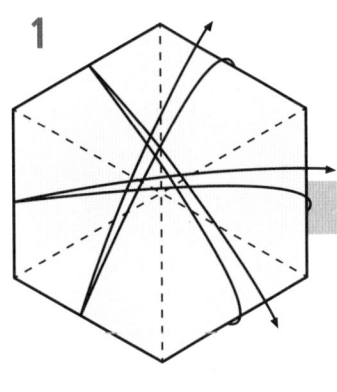

2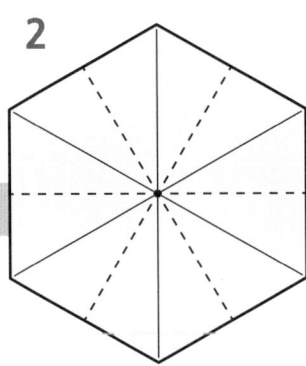

3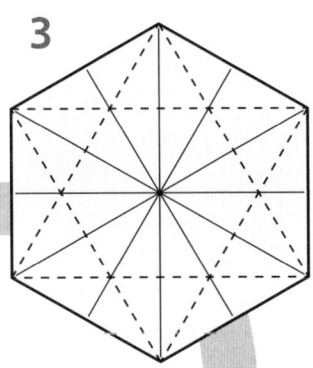

6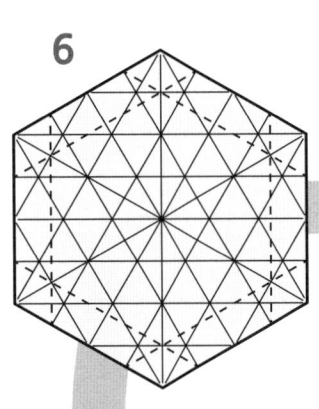

5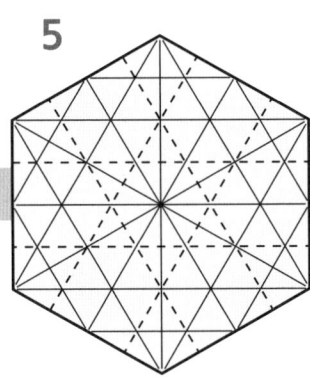

4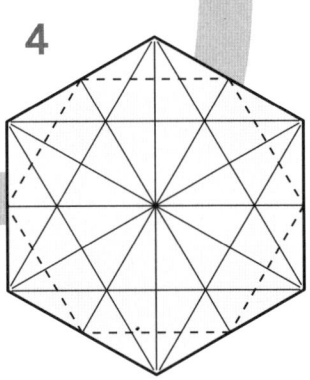

7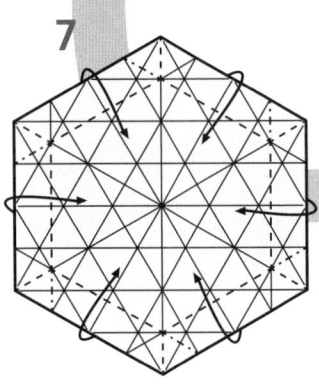

8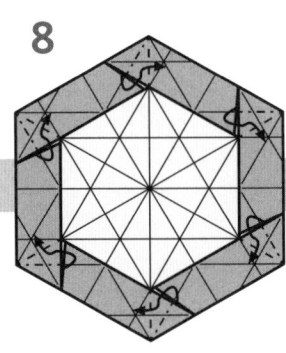

9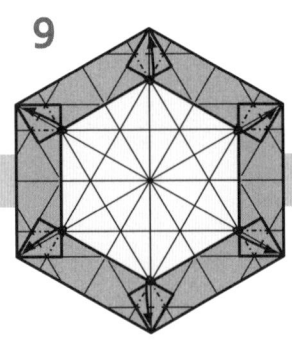

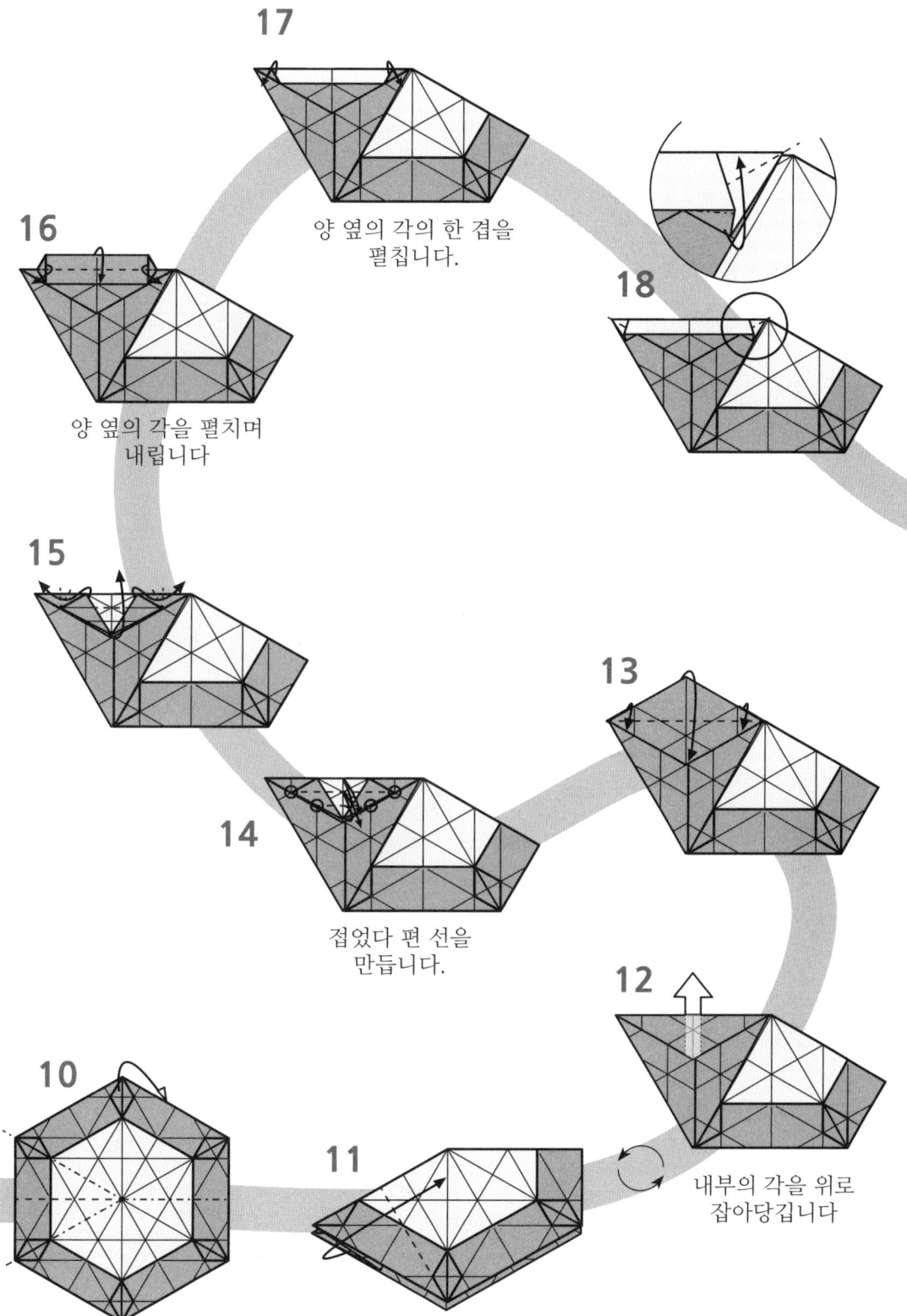

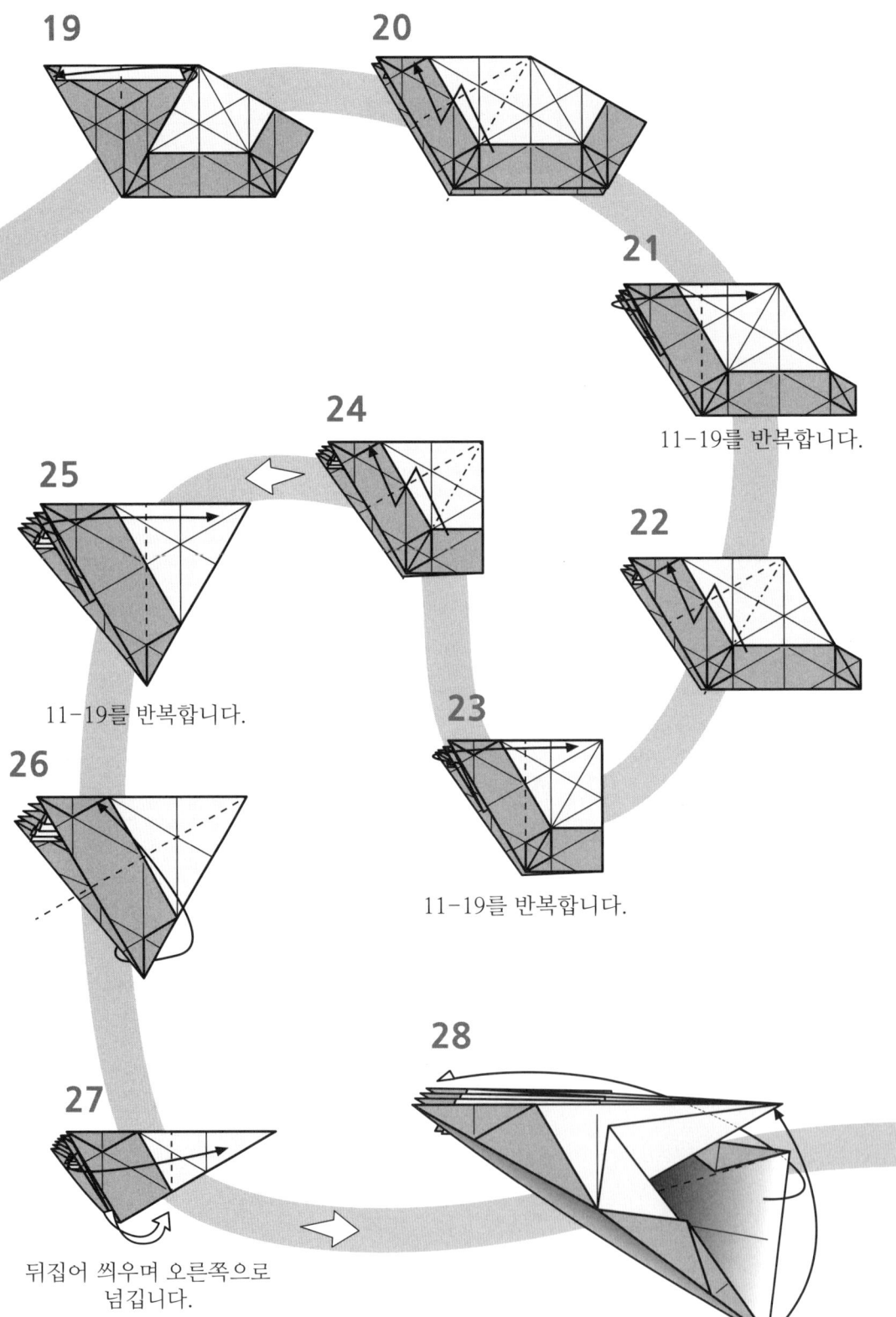

11-19를 반복합니다.

11-19를 반복합니다.

11-19를 반복합니다.

뒤집어 씌우며 오른쪽으로 넘깁니다.

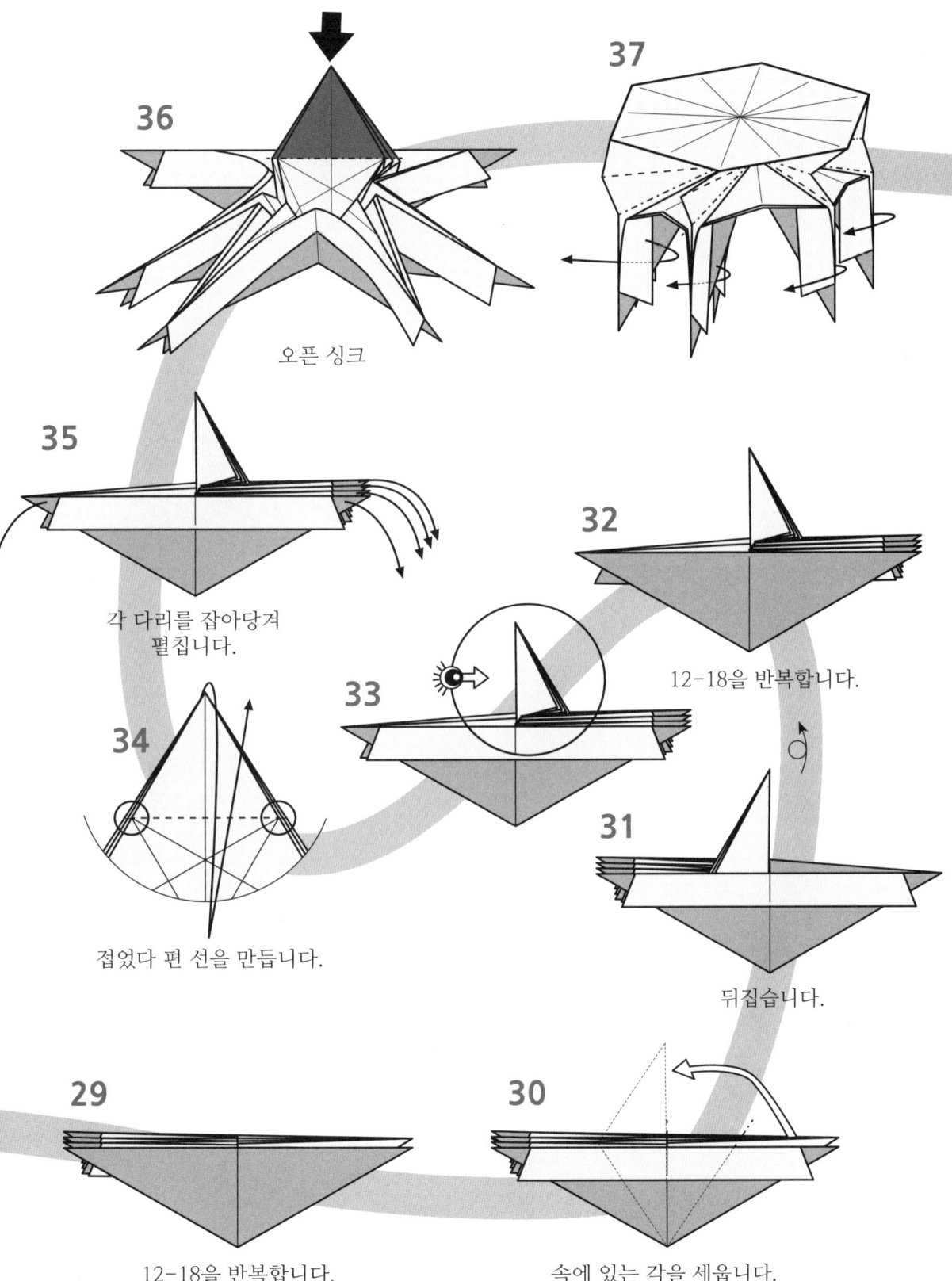

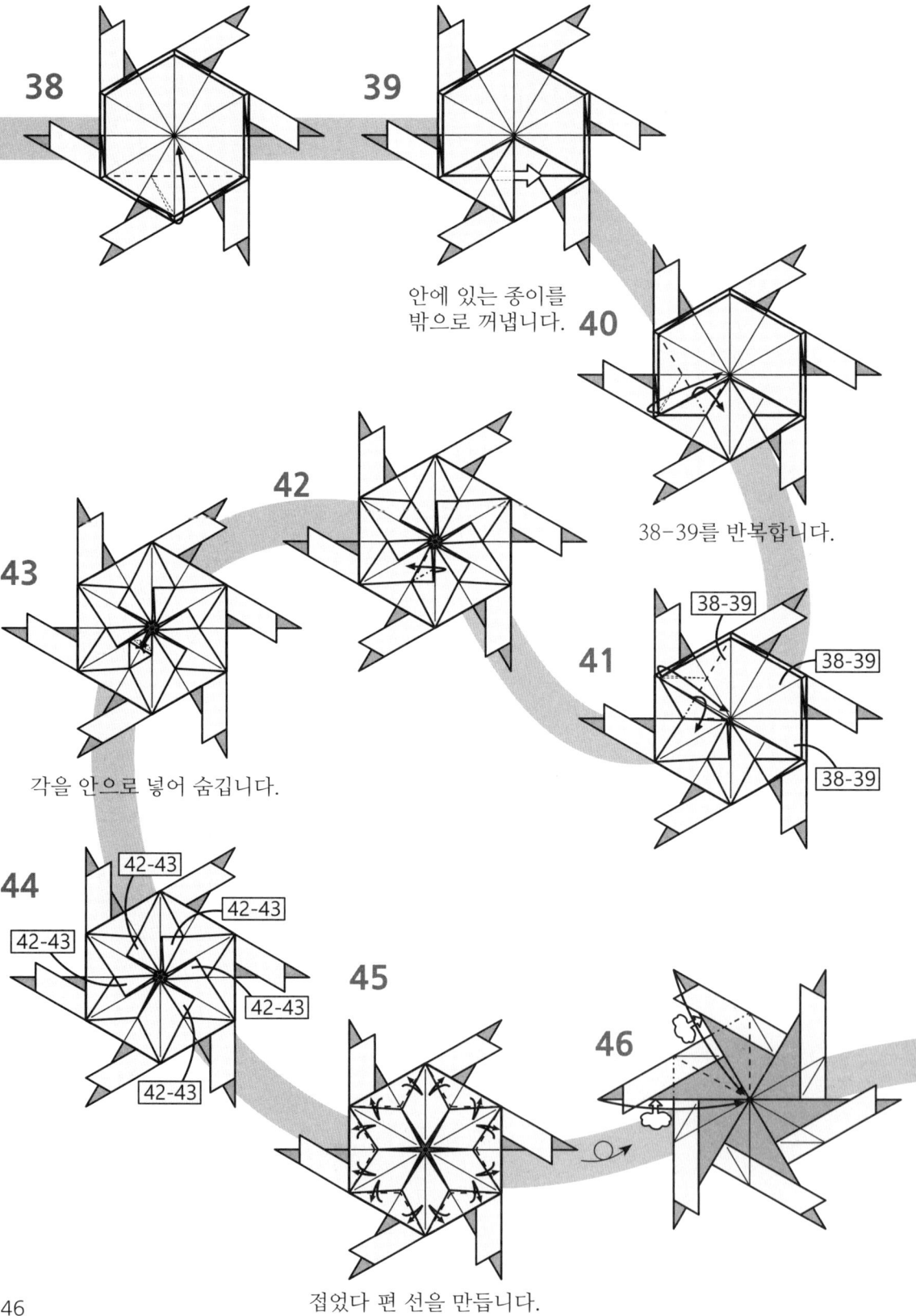

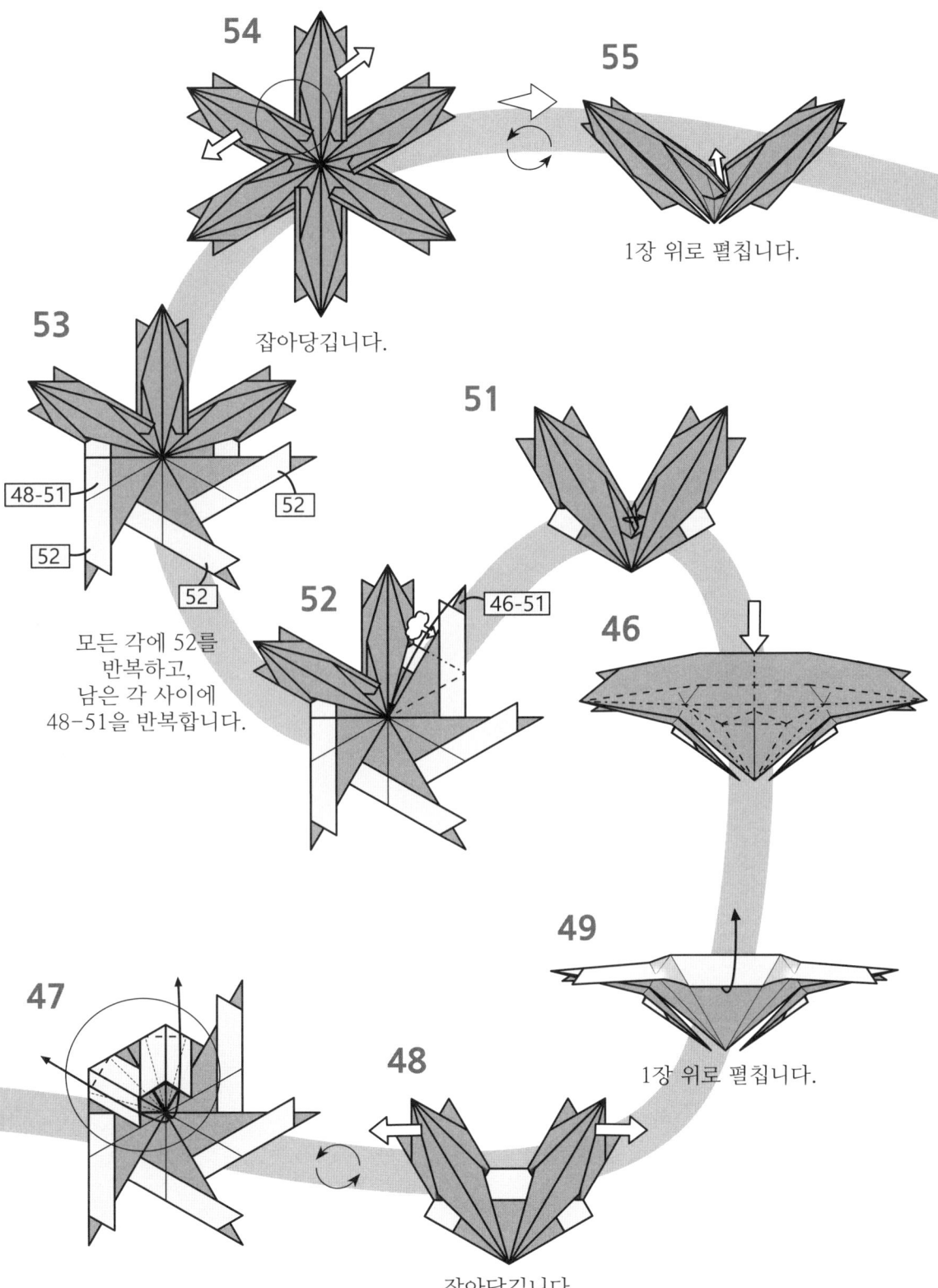

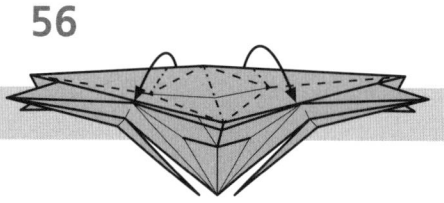

45에서 낸 선을 이용하여 접습니다.

가지를 얇게 함과 동시에 가운데를 부풀립니다.

펼쳐눌러 접습니다.

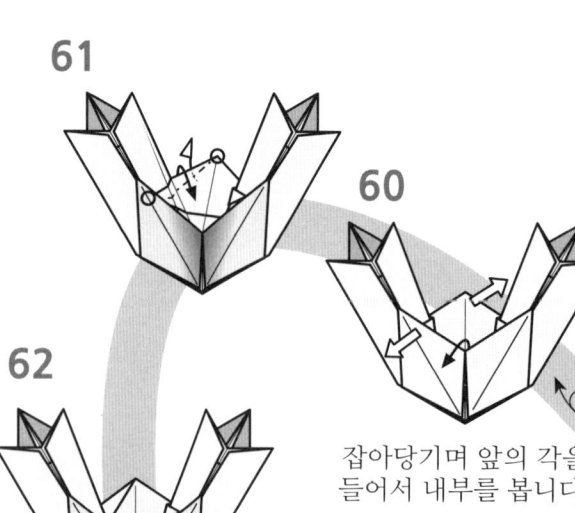

잡아당기며 앞의 각을 들어서 내부를 봅니다.

되집습니다.

들어냈던 각을 되돌립니다.

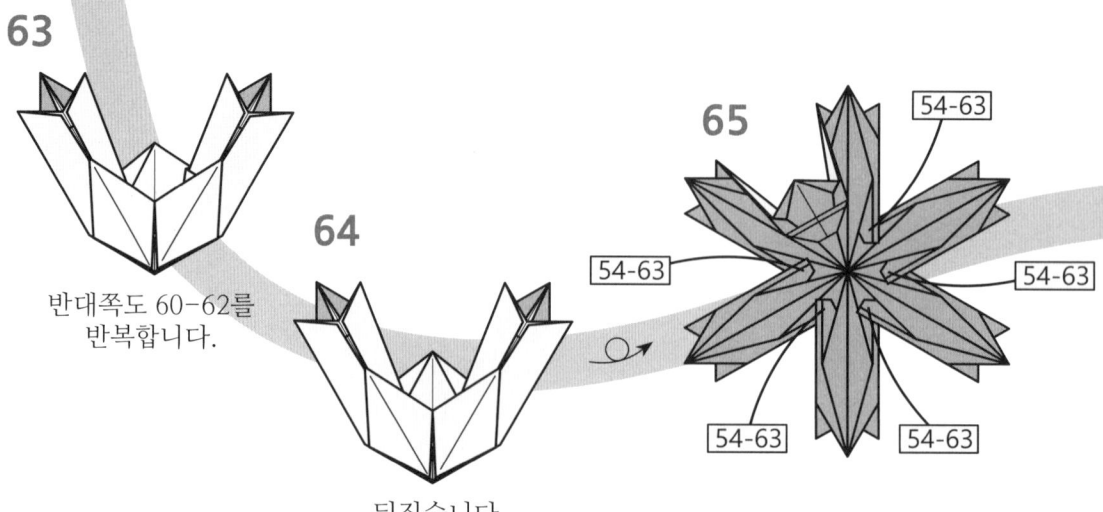

반대쪽도 60-62를 반복합니다.

뒤집습니다.

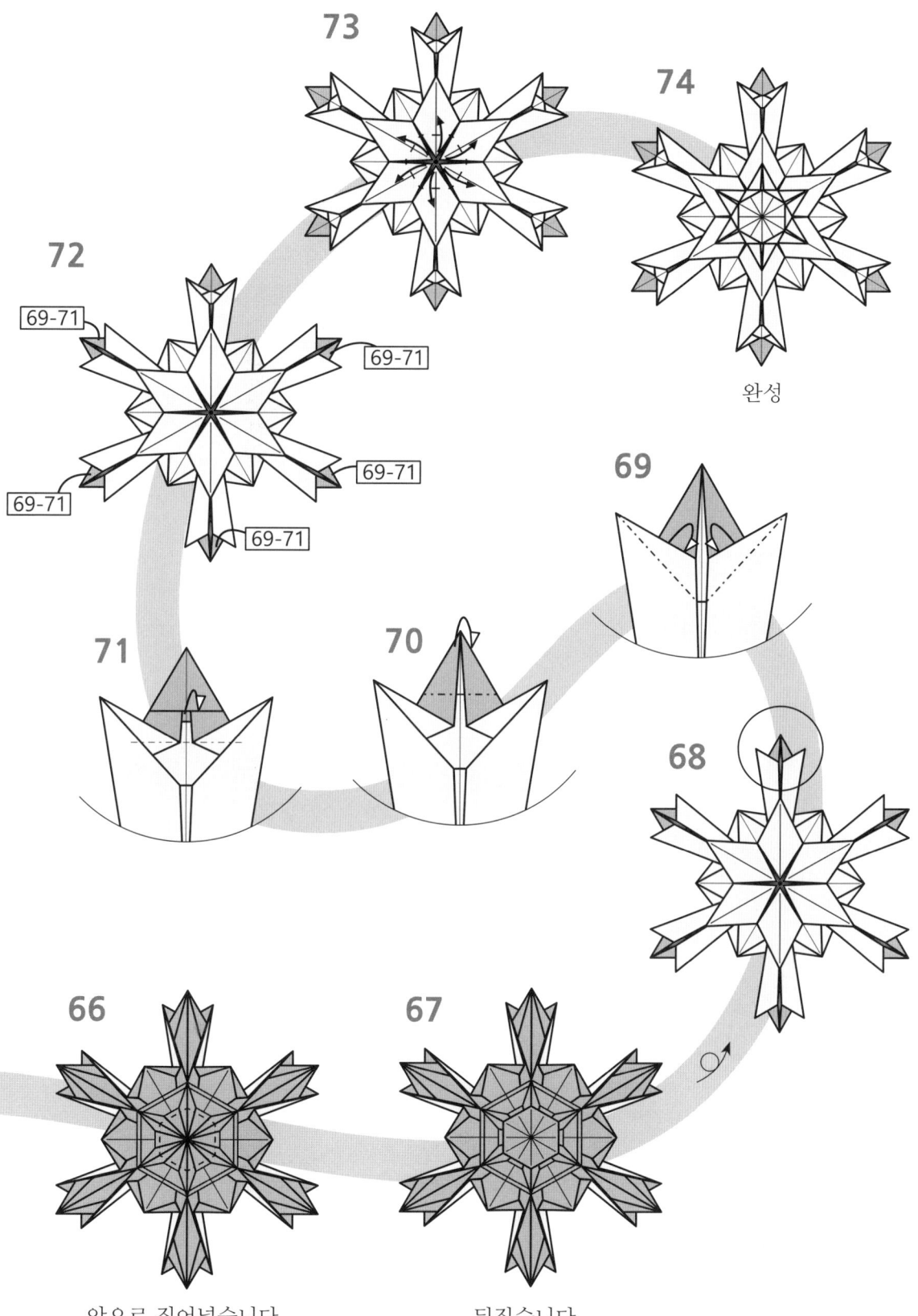

안으로 집어넣습니다. 뒤집습니다.

완성

코뿔소

창작/도면 : 맹형규

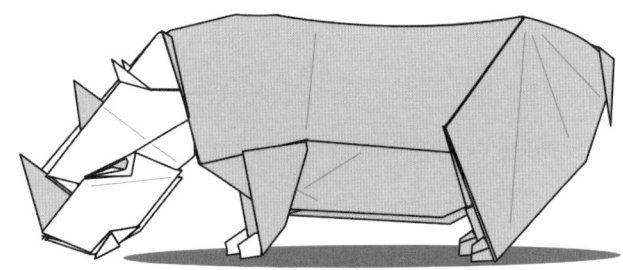

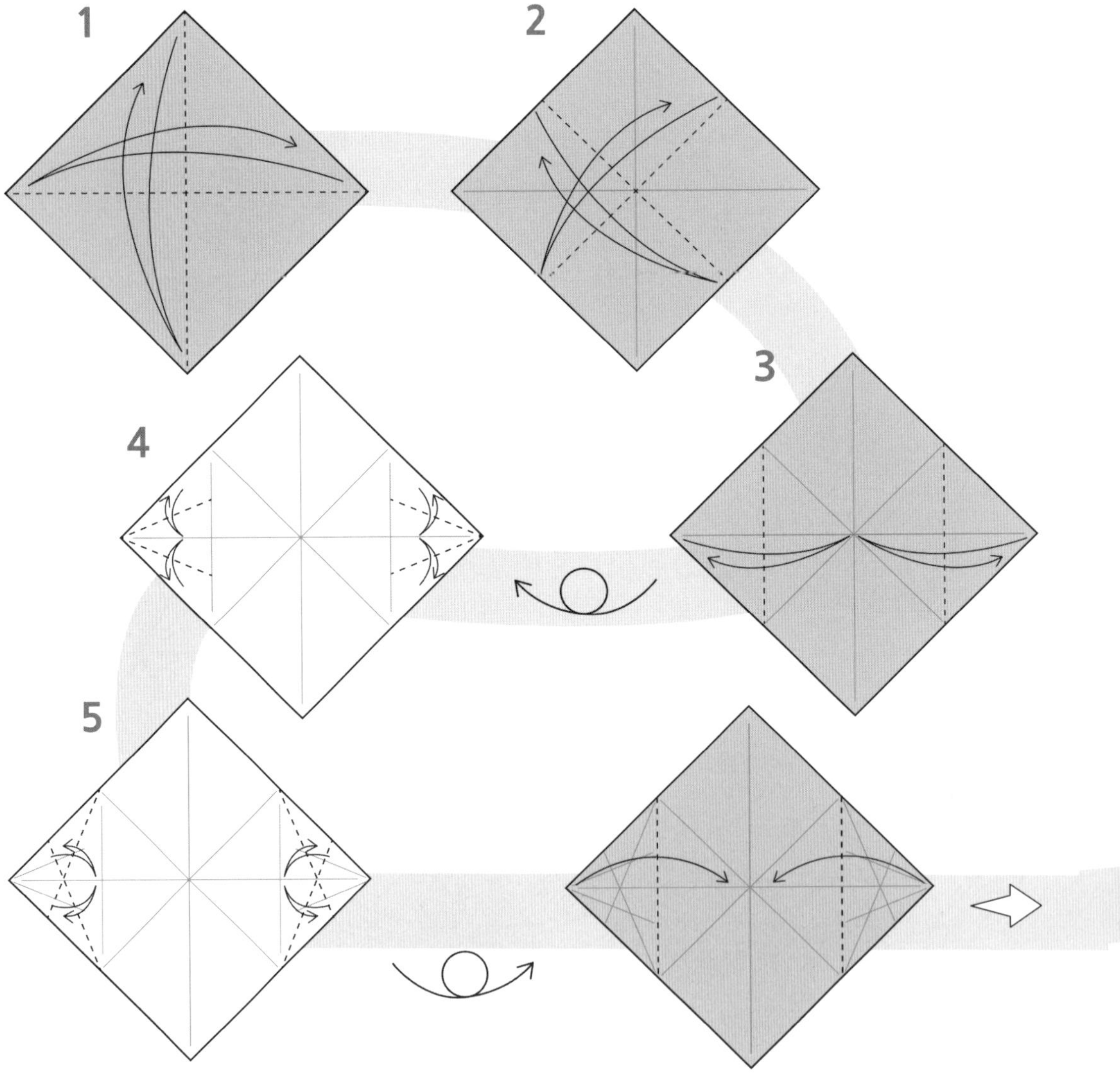

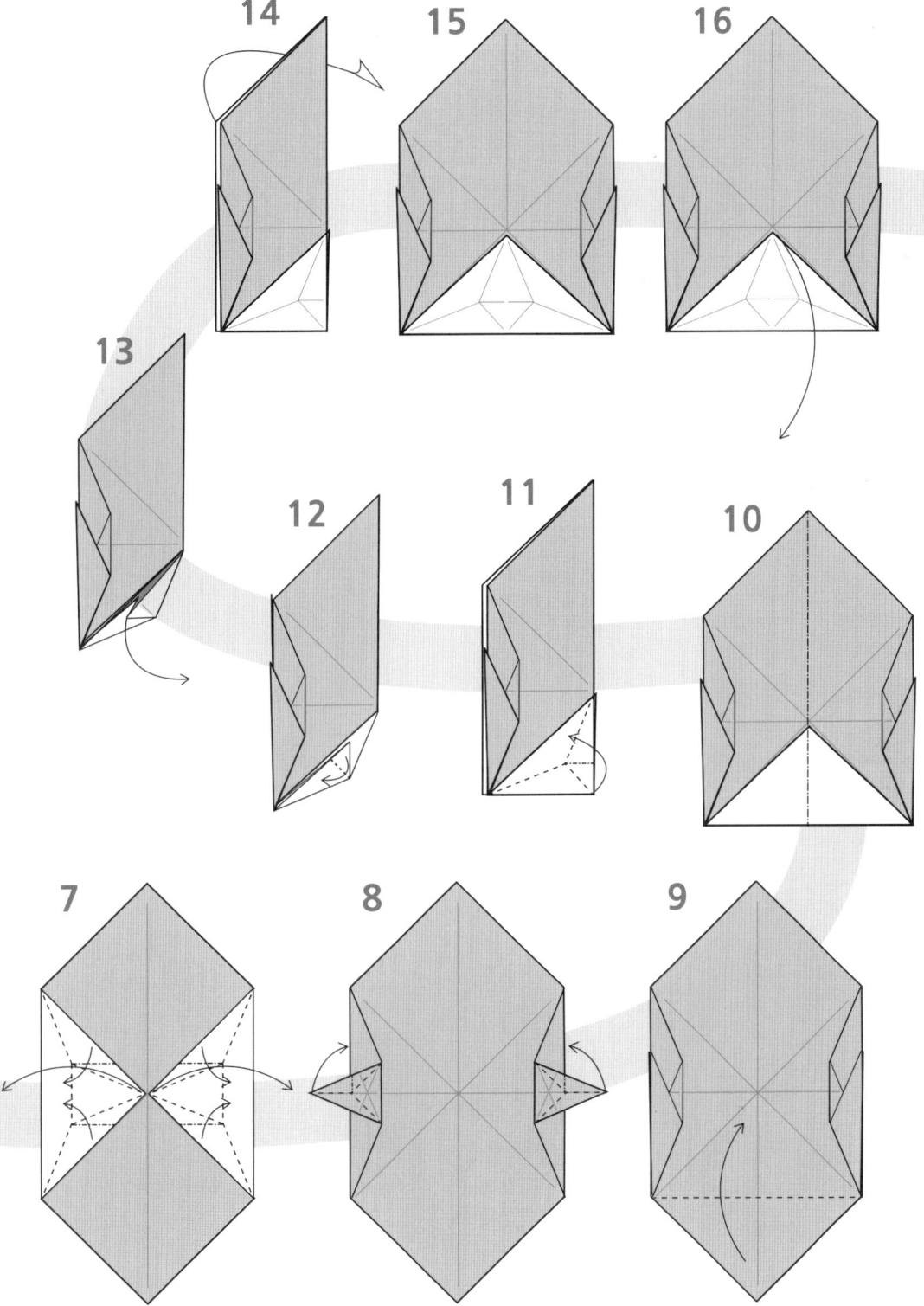

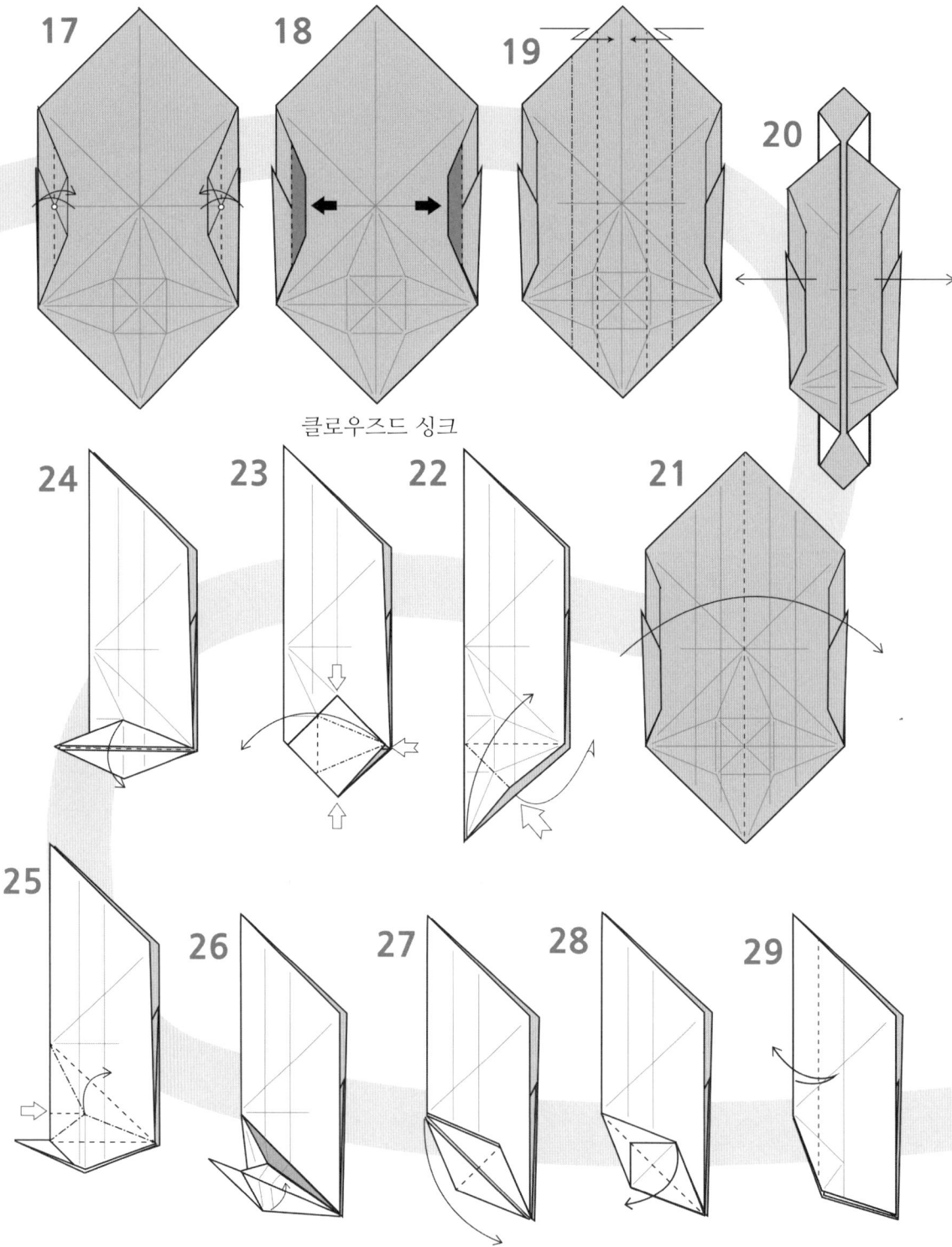

클로우즈드 싱크

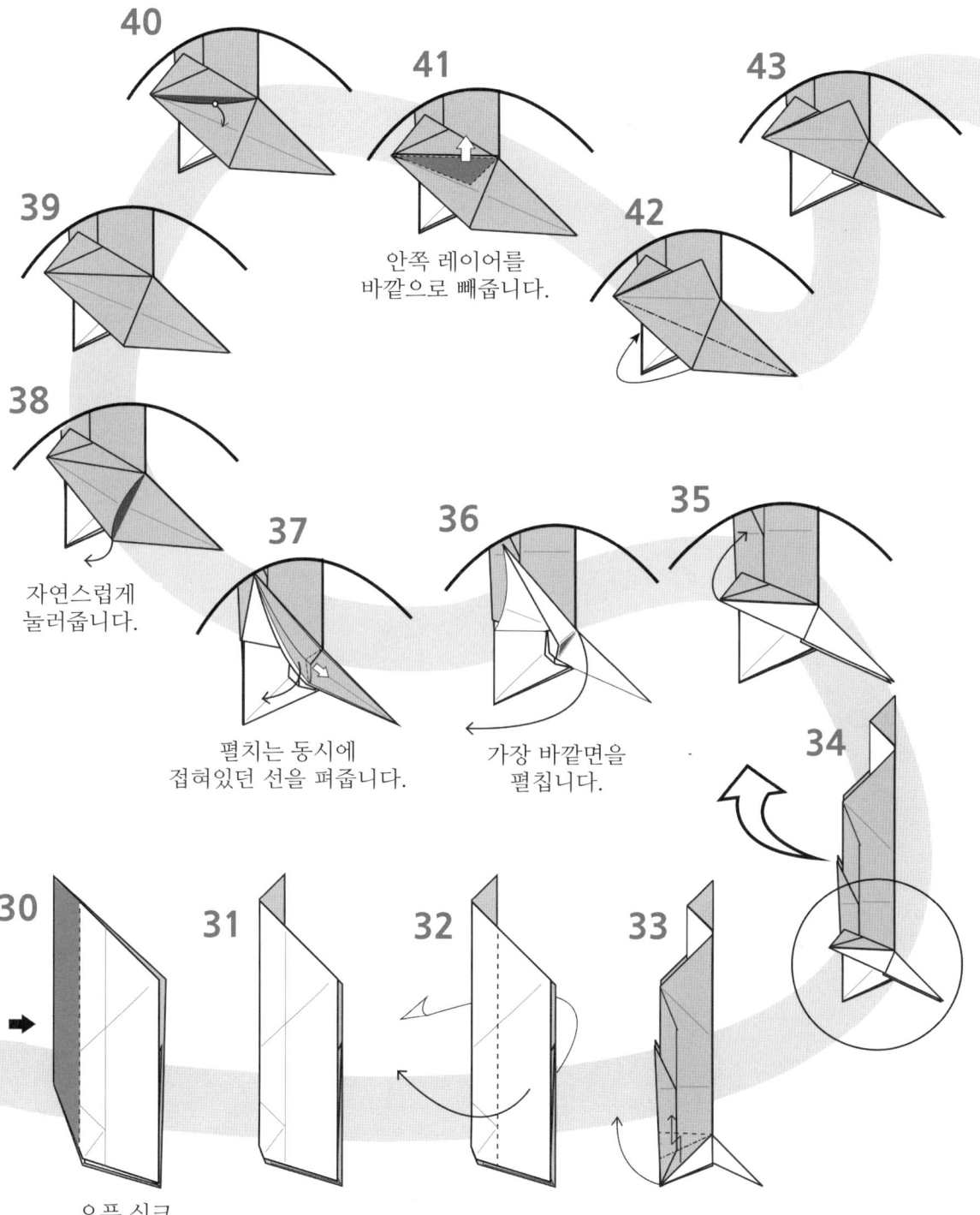

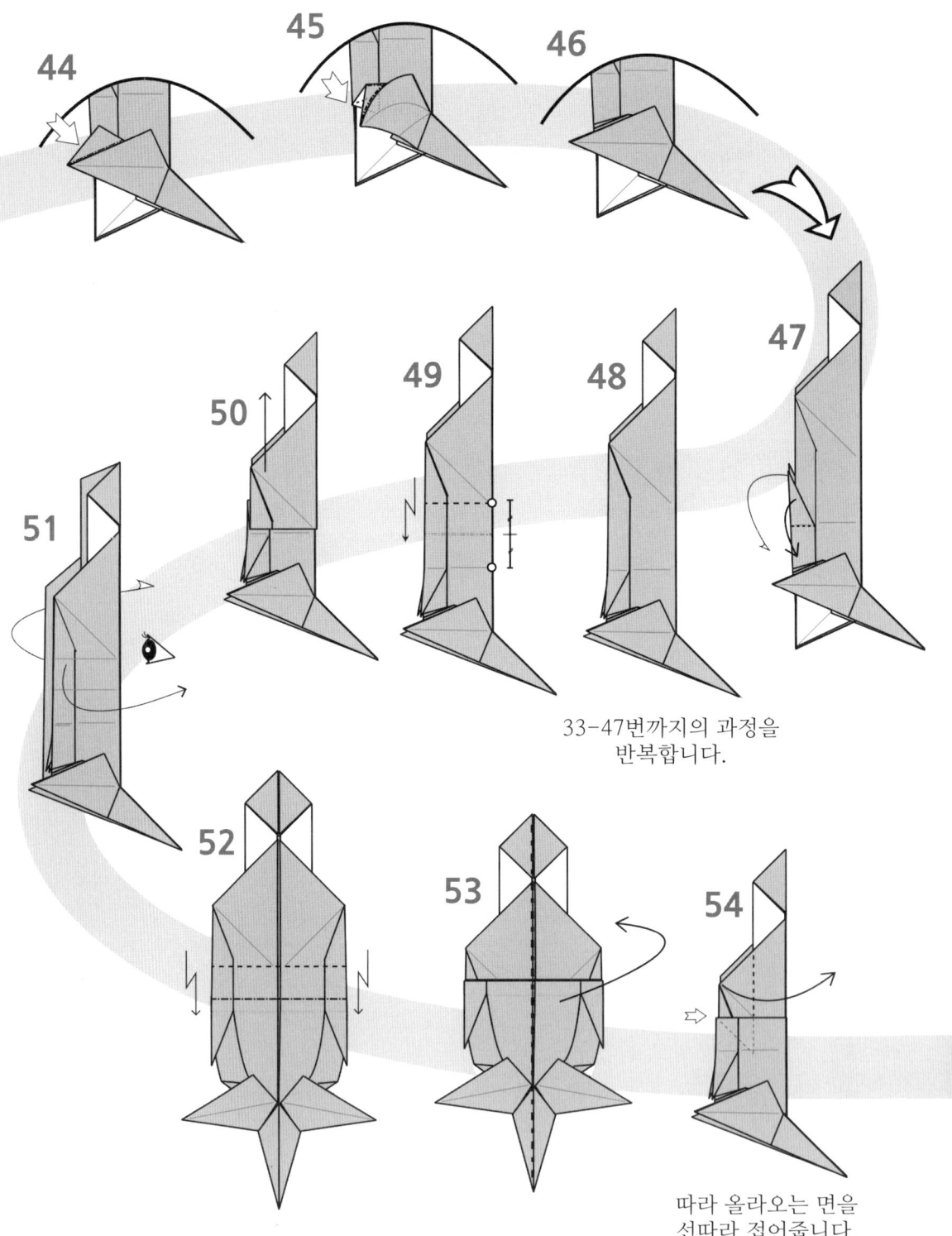

33-47번까지의 과정을
반복합니다.

따라 올라오는 면을
선따라 접어줍니다.

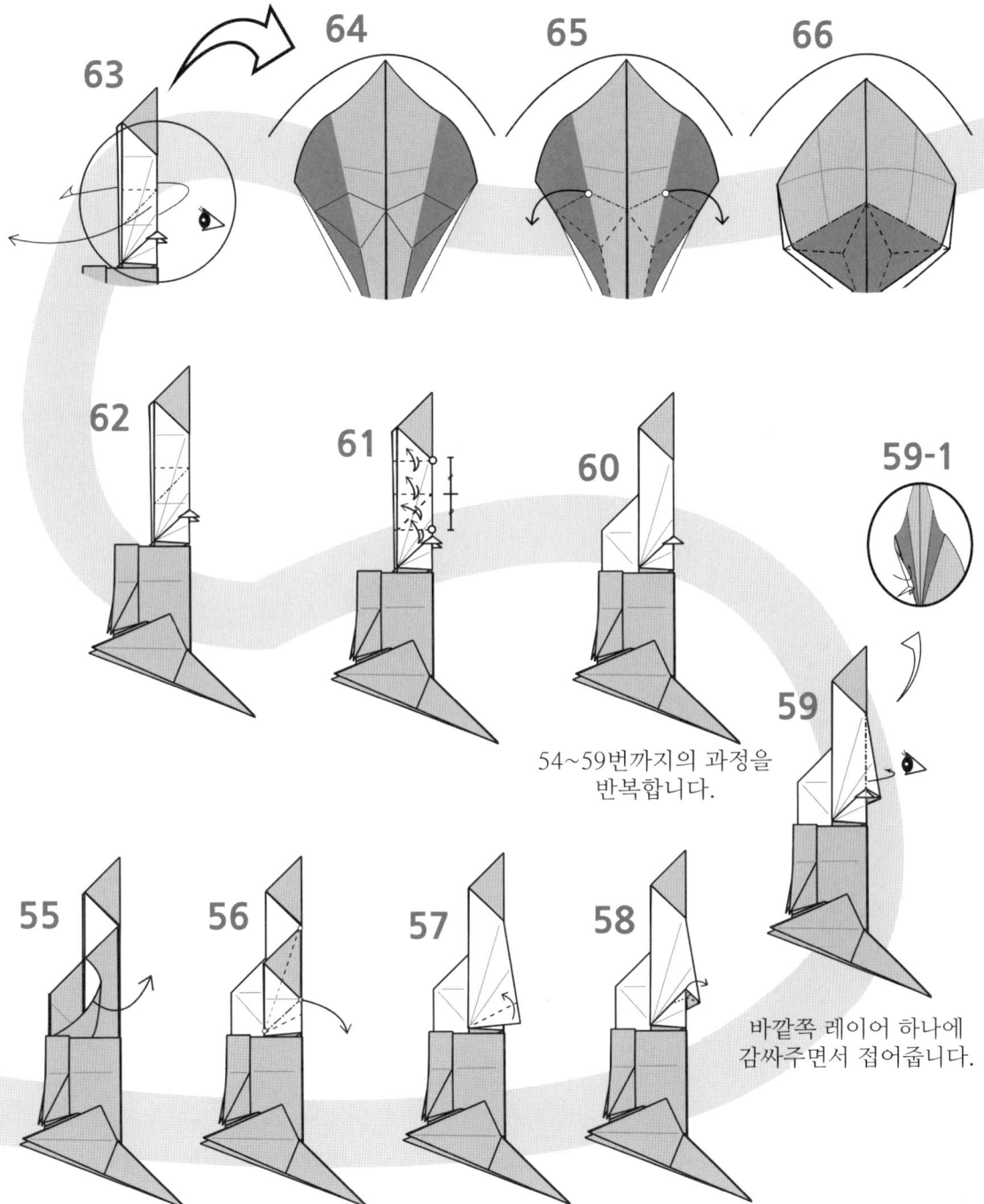

54~59번까지의 과정을
반복합니다.

바깥쪽 레이어 하나에
감싸주면서 접어줍니다.

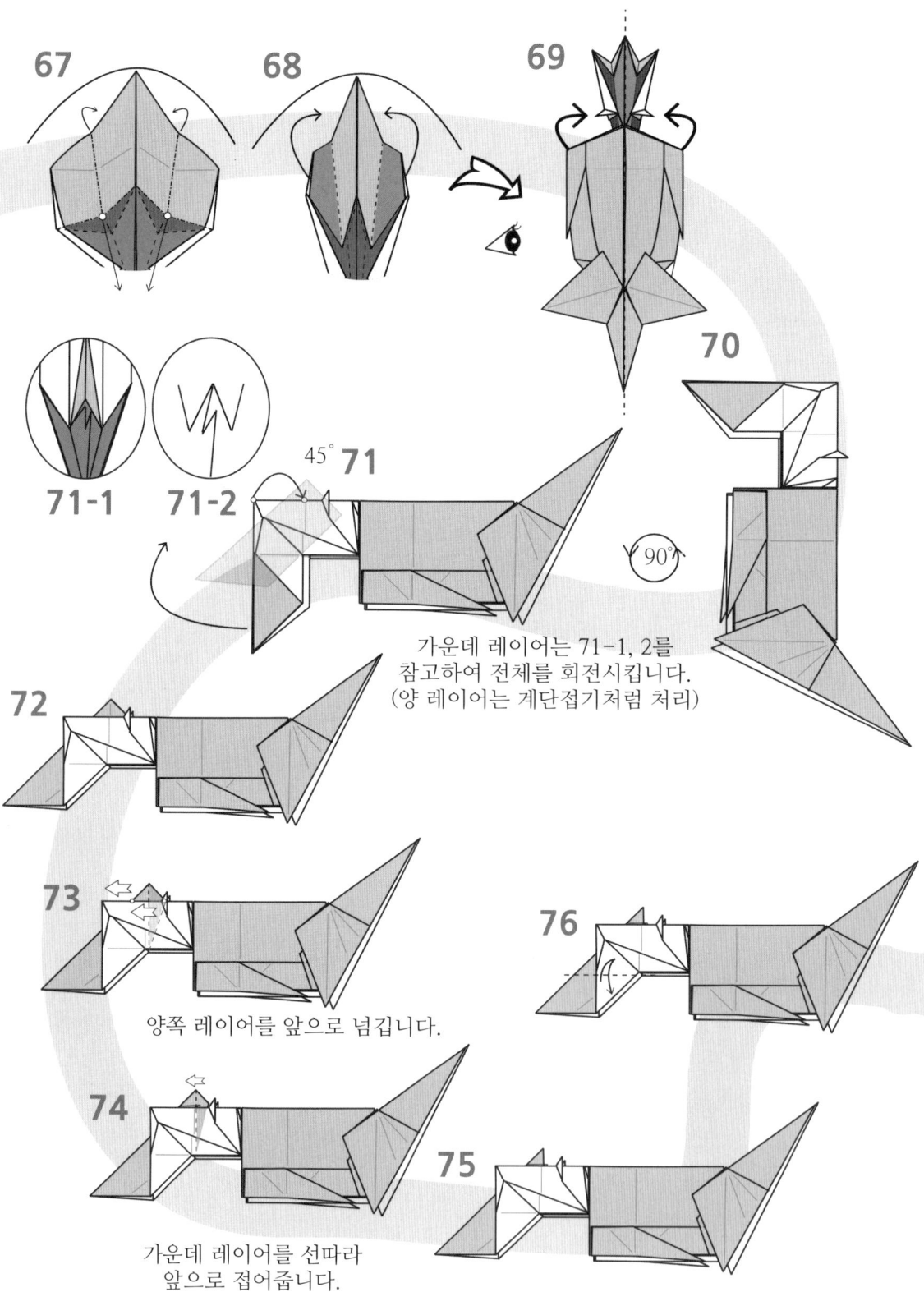

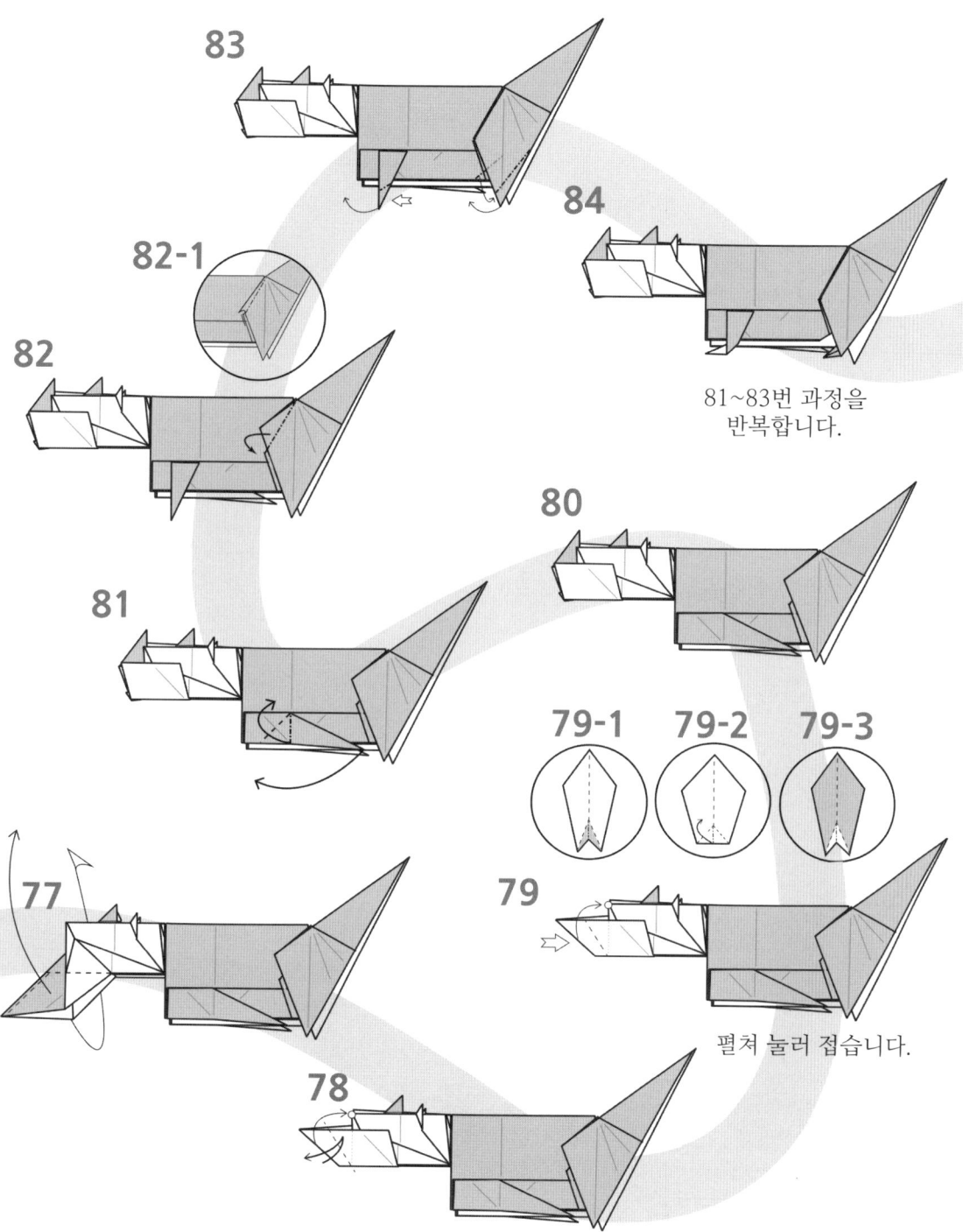

81~83번 과정을
반복합니다.

펼쳐 눌러 접습니다.

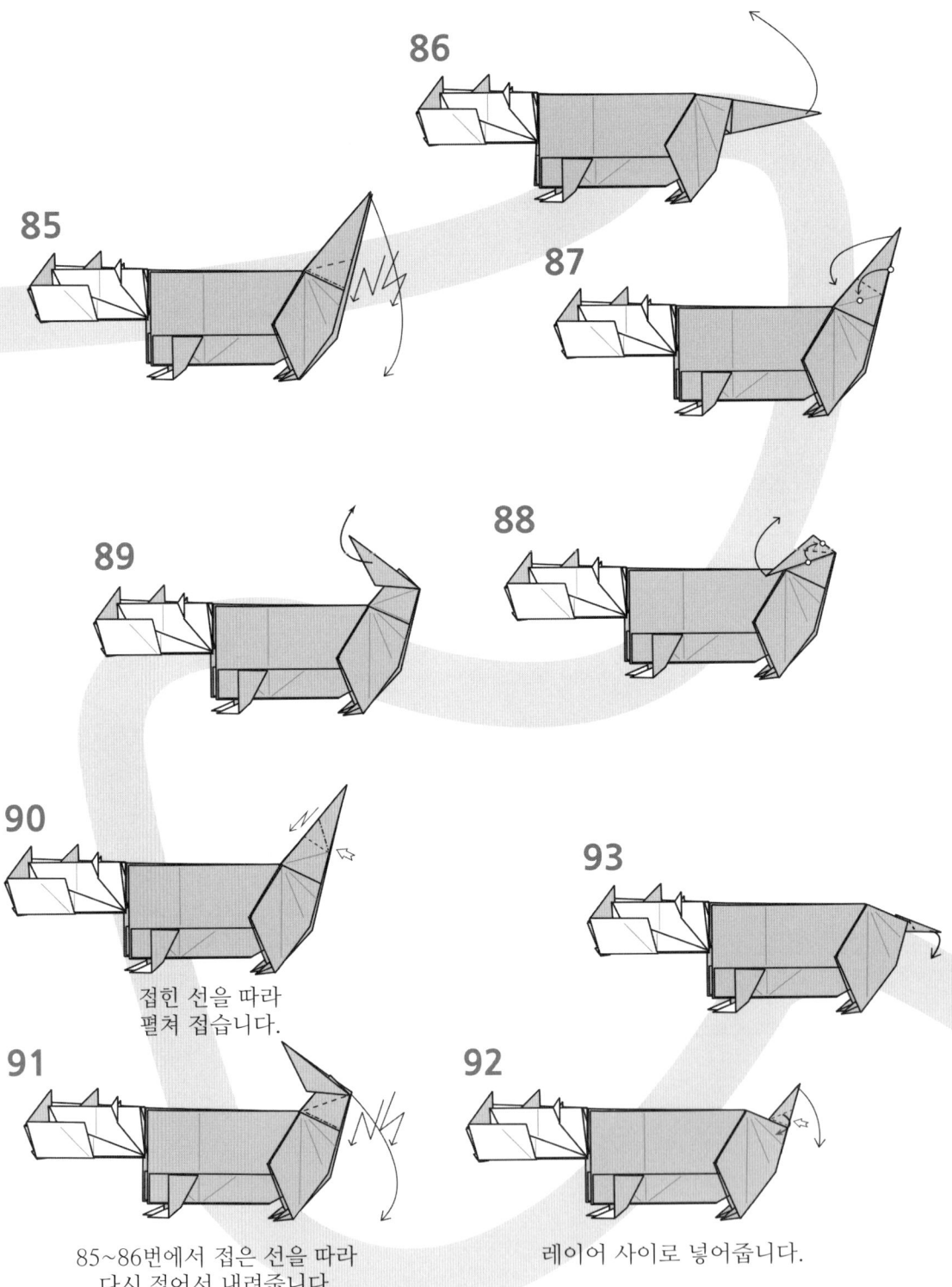

85~86번에서 접은 선을 따라
다시 접어서 내려줍니다.

접힌 선을 따라
펼쳐 접습니다.

레이어 사이로 넣어줍니다.

100

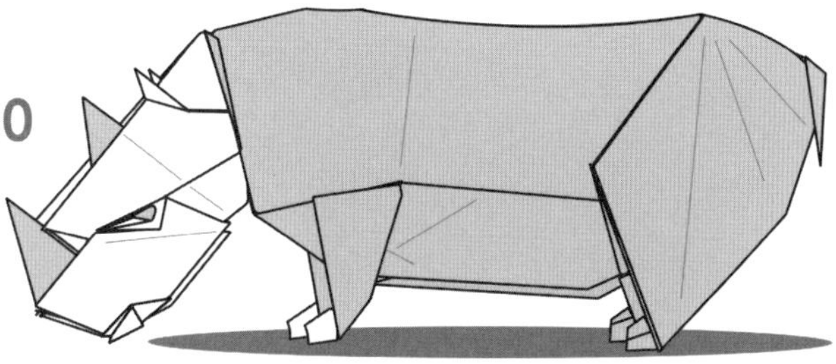

완성

99

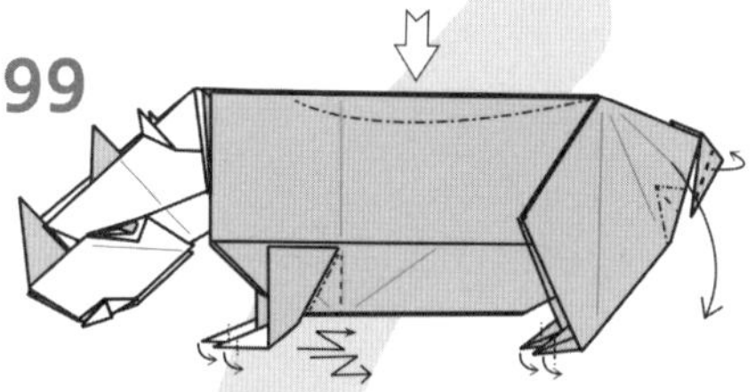

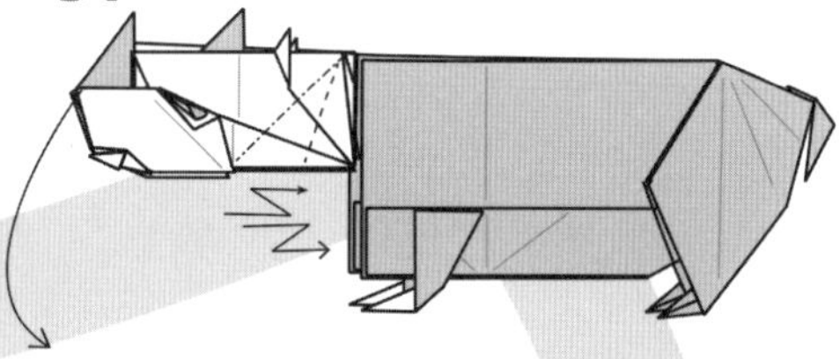

98

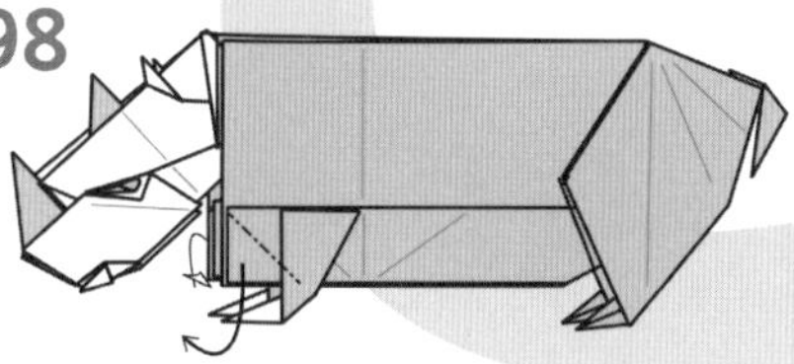

97

96

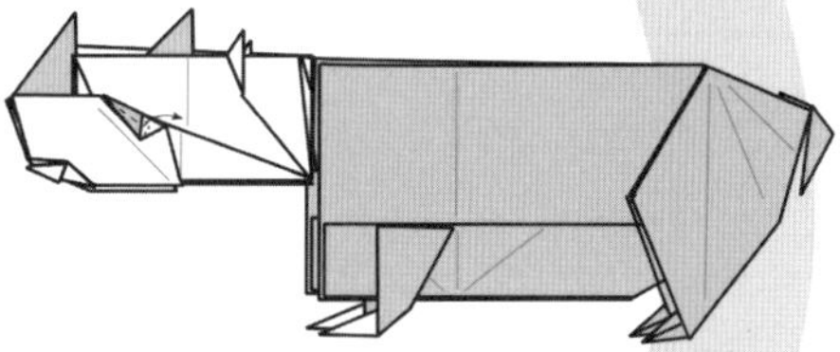

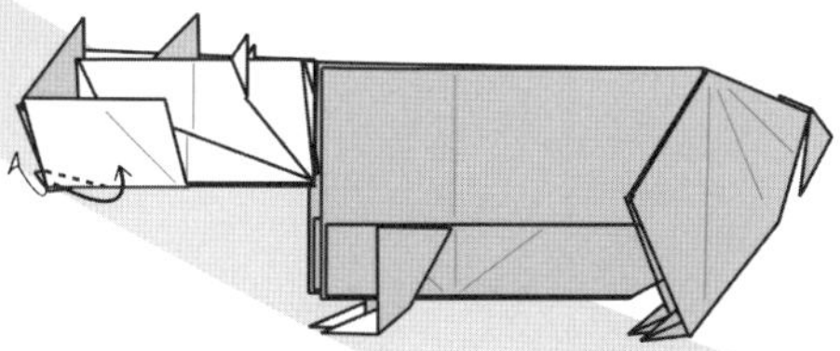

95 반대쪽도 이와 같이 접습니다.

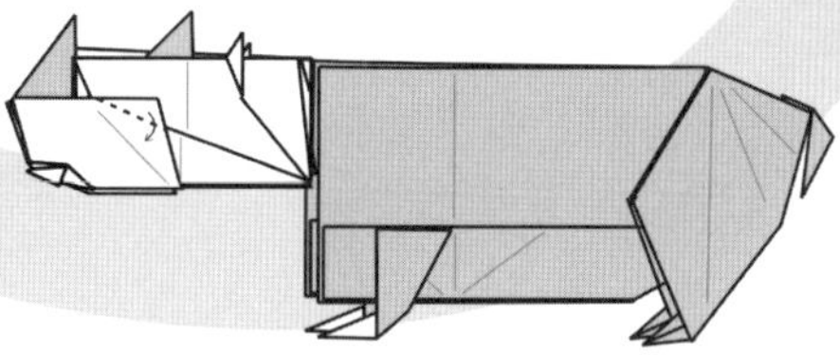

94

59

코뿔소

창작/도면 : 정재일

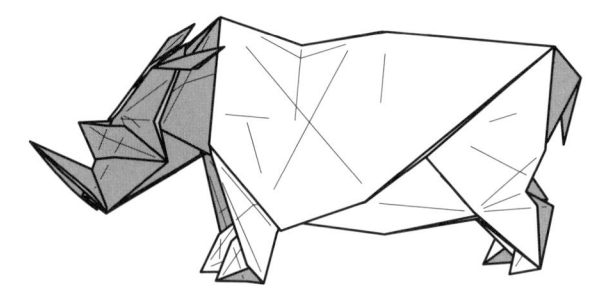

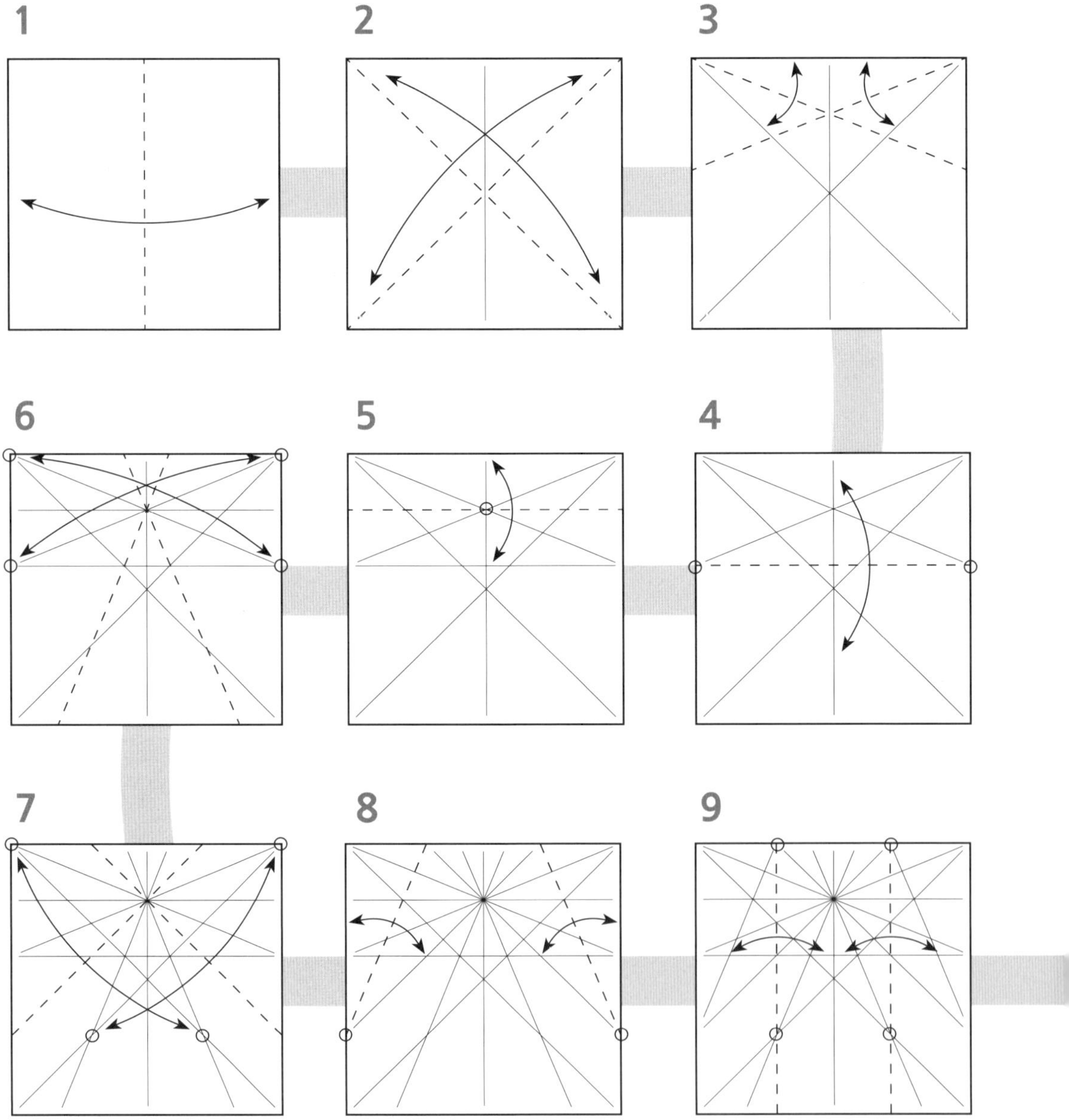

1 2 3

6 5 4

7 8 9

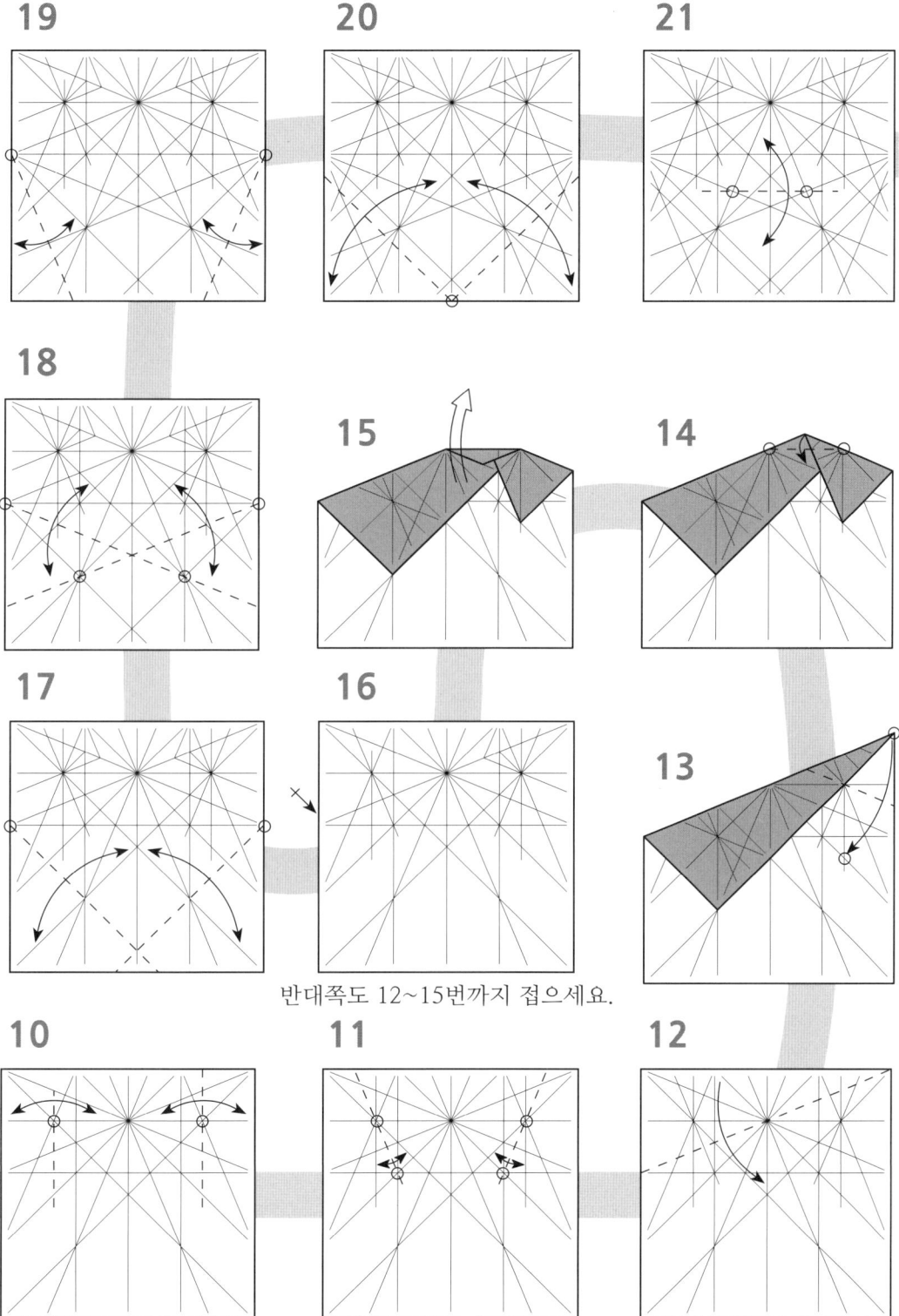

반대쪽도 12~15번까지 접으세요.

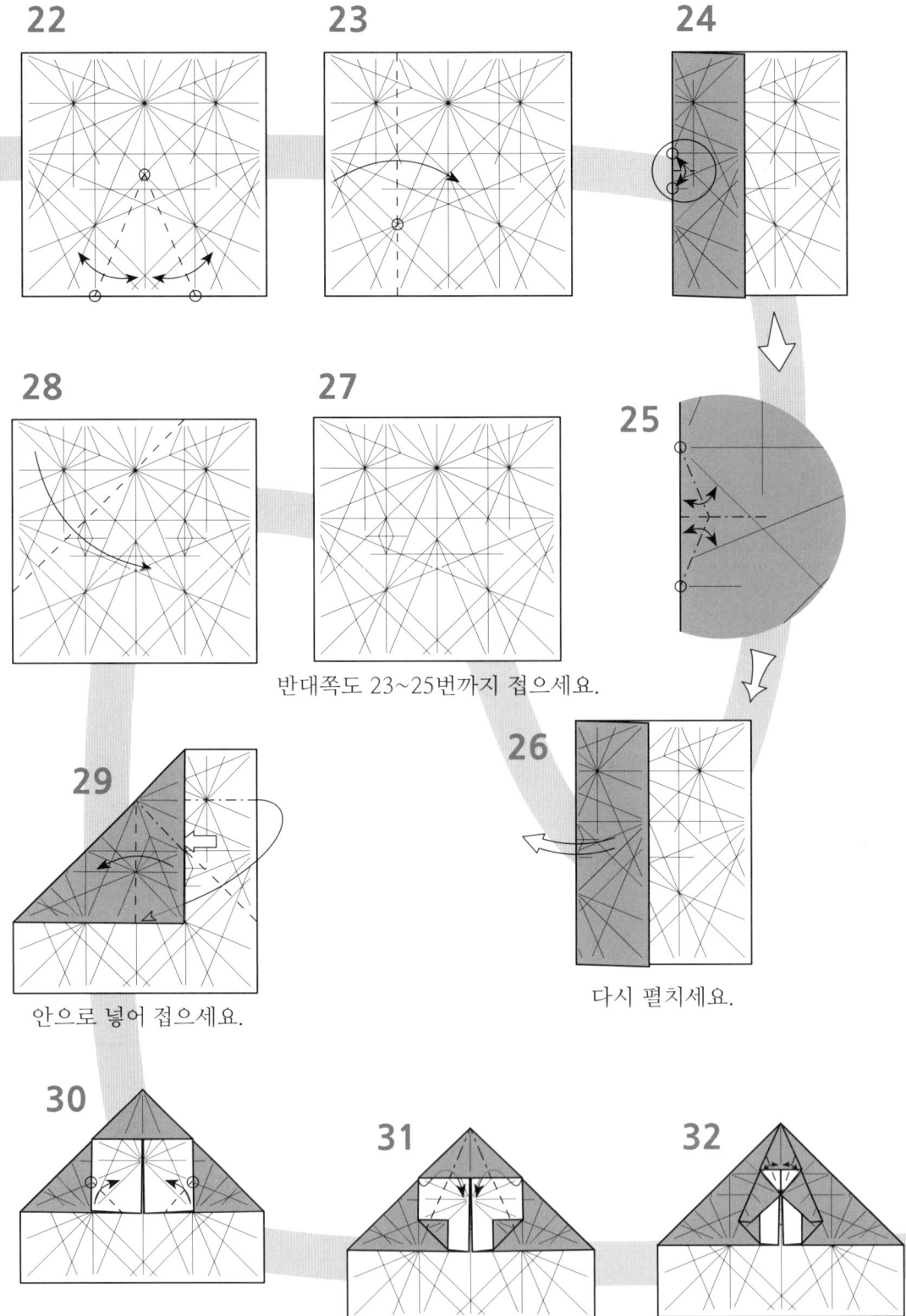

반대쪽도 23~25번까지 접으세요.

다시 펼치세요.

안으로 넣어 접으세요.

안으로 넣어 접으세요.

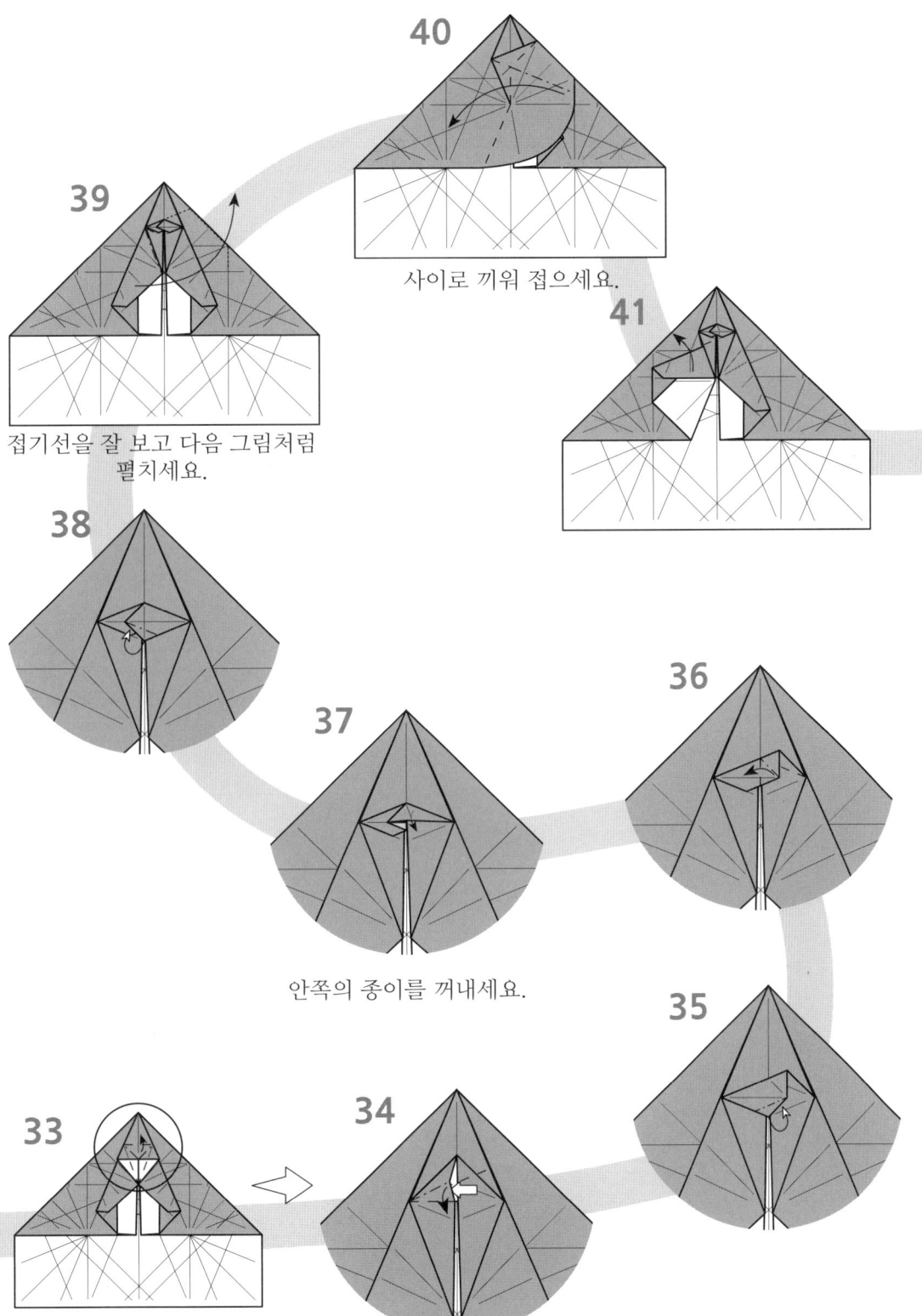

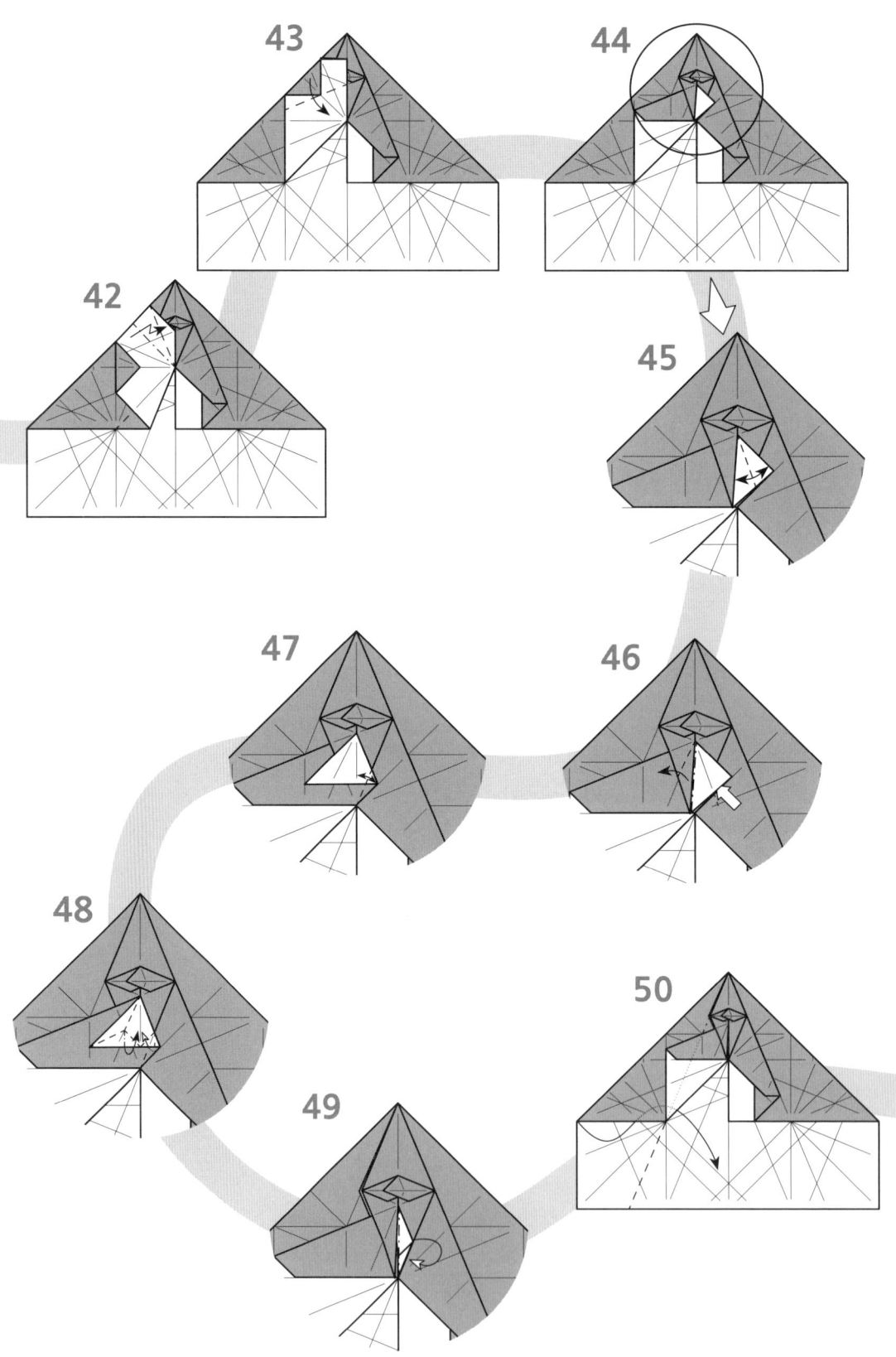

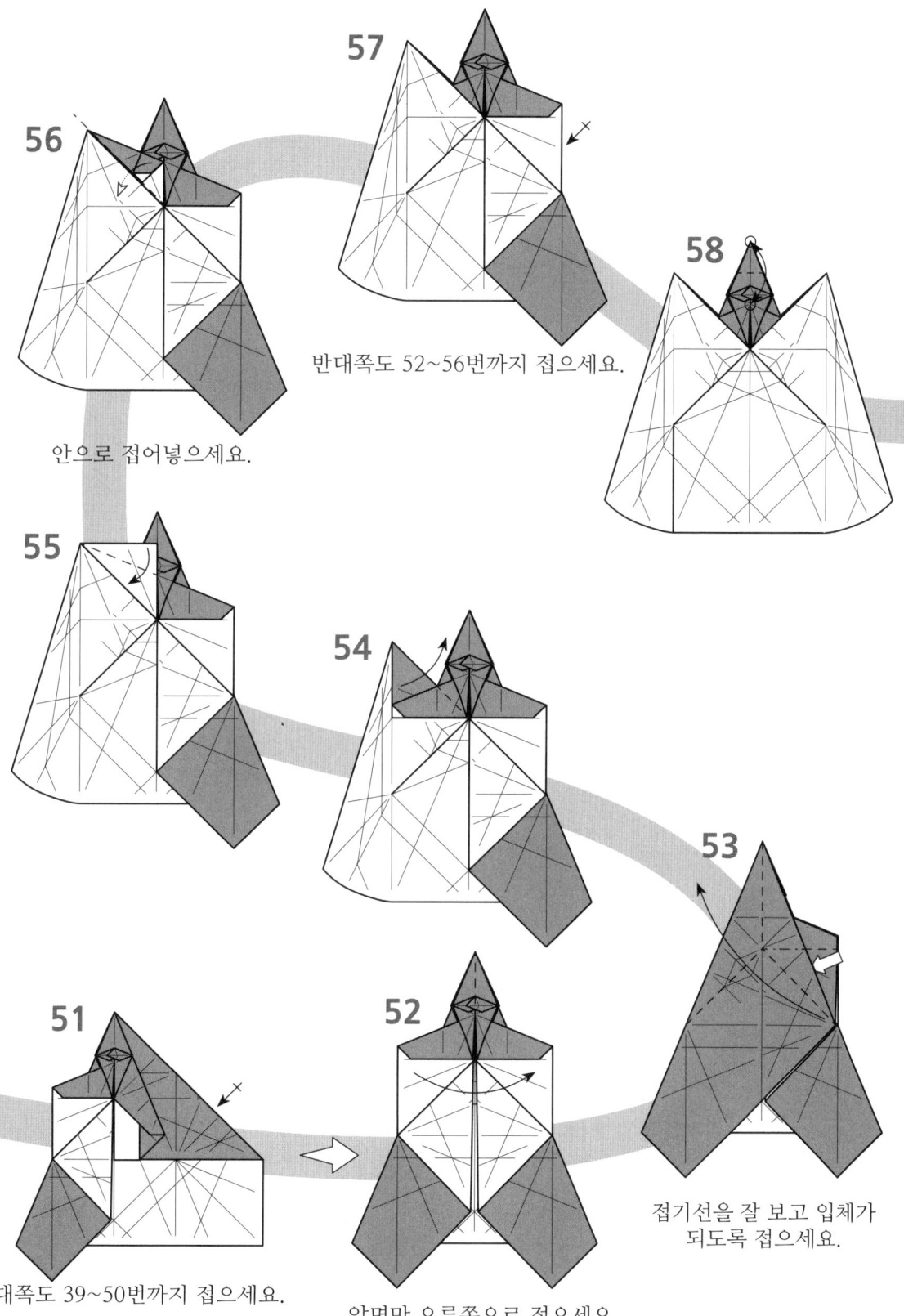

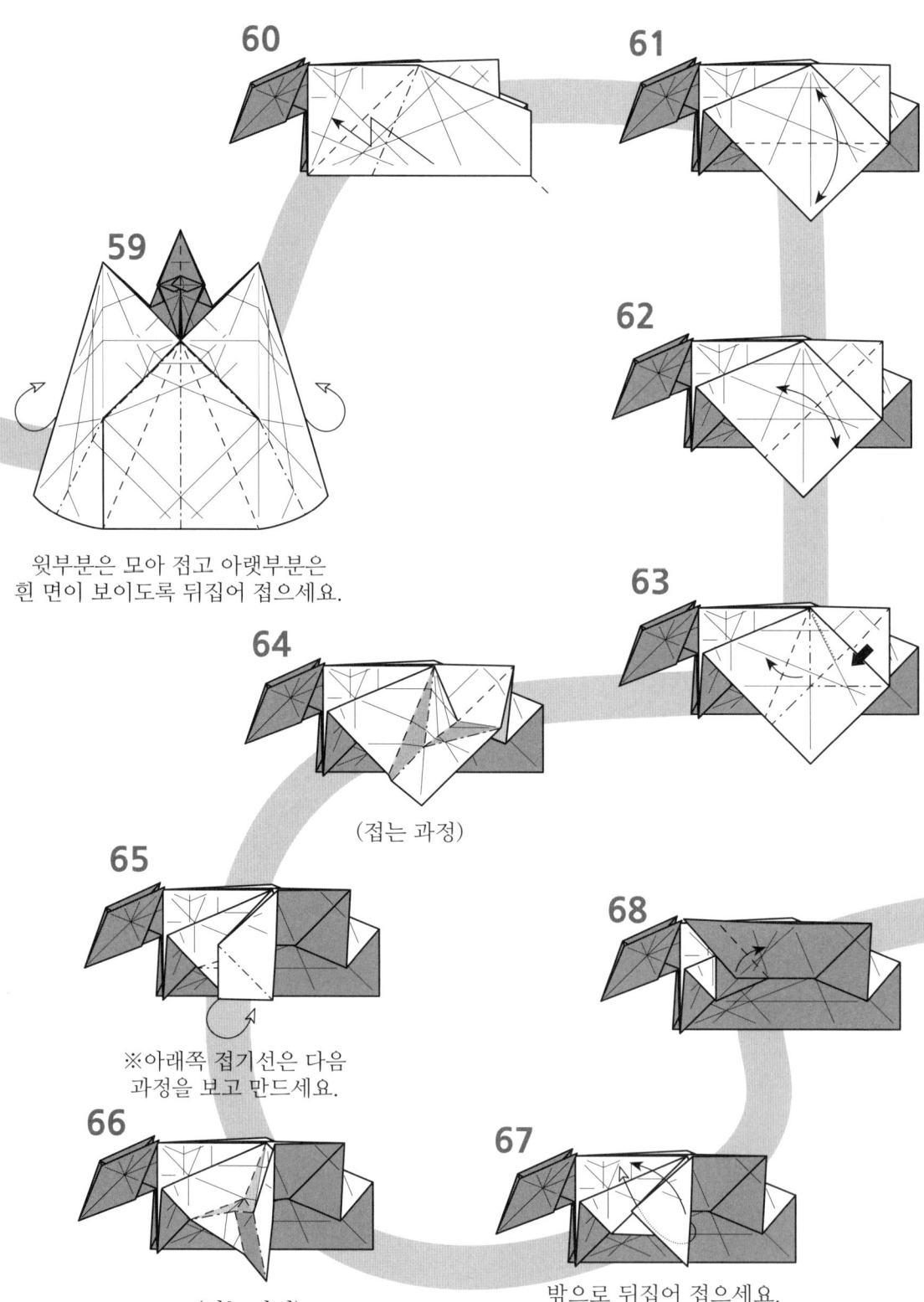

59 윗부분은 모아 접고 아랫부분은 흰 면이 보이도록 뒤집어 접으세요.

64 (접는 과정)

65 ※아랫쪽 접기선은 다음 과정을 보고 만드세요.

66 (접는 과정)

67 밖으로 뒤집어 접으세요.

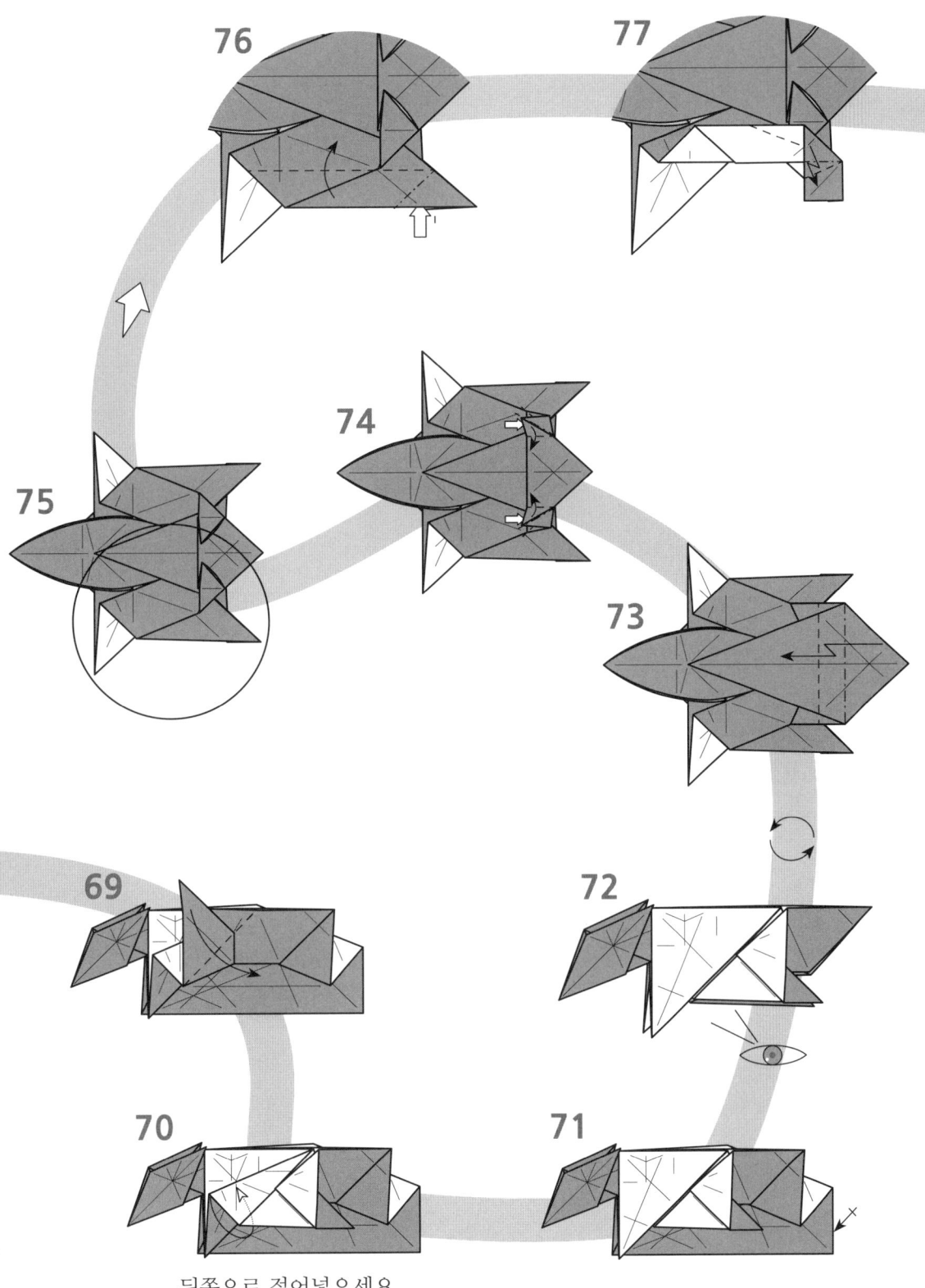

뒤쪽으로 접어넣으세요.

반대쪽도 60~70번까지 접으세요.

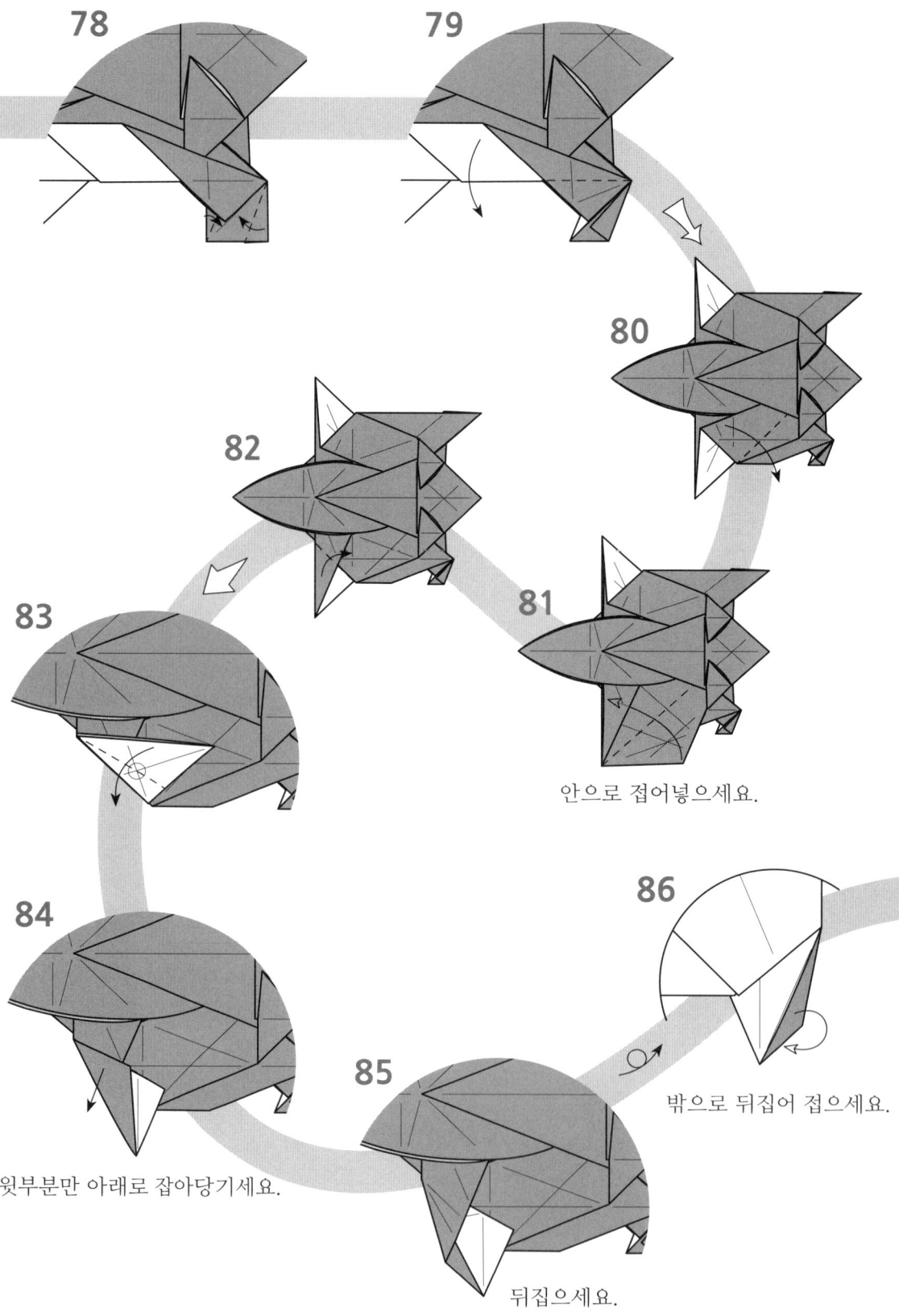

안으로 접어넣으세요.

밖으로 뒤집어 접으세요.

윗부분만 아래로 잡아당기세요.

뒤집으세요.

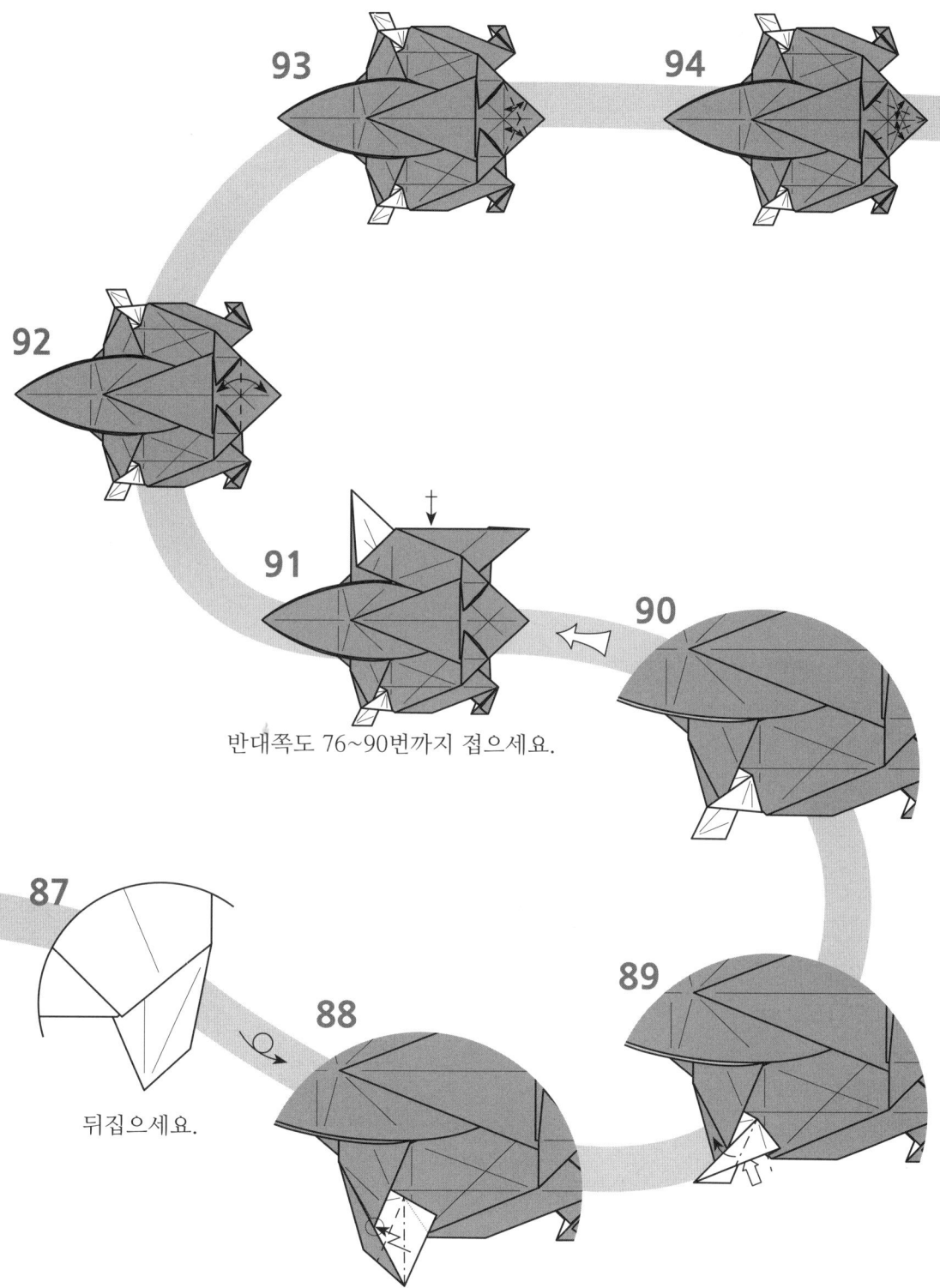

반대쪽도 76~90번까지 접으세요.

뒤집으세요.

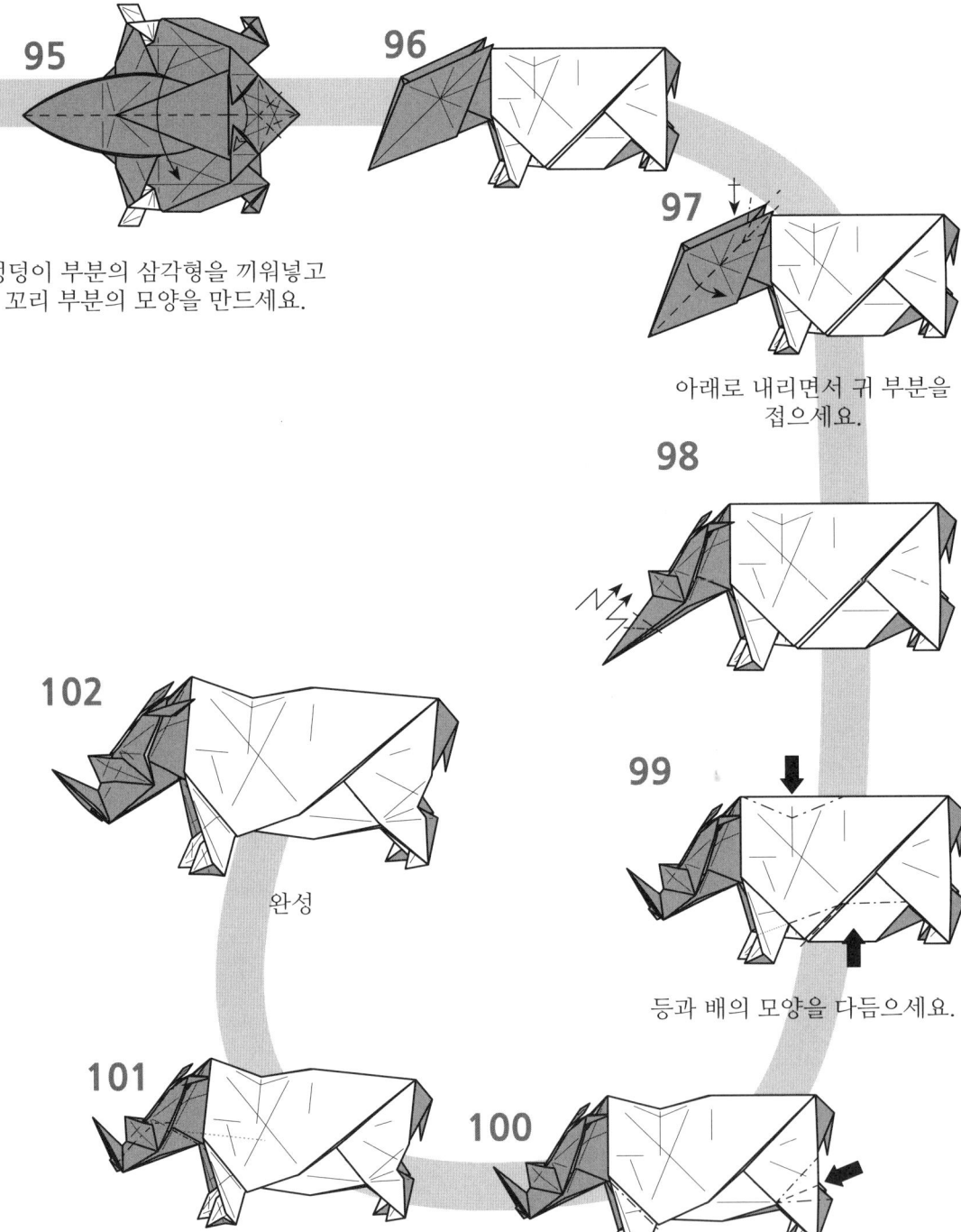

95 엉덩이 부분의 삼각형을 끼워넣고 꼬리 부분의 모양을 만드세요.

97 아래로 내리면서 귀 부분을 접으세요.

99 등과 배의 모양을 다듬으세요.

100 뒷다리 모양을 다듬으세요.

101 얼굴의 모양을 다듬으세요.

102 완성

정사면체, 정육면체, 학알, 정팔면체

창작/도면 : 오규석(jassu)

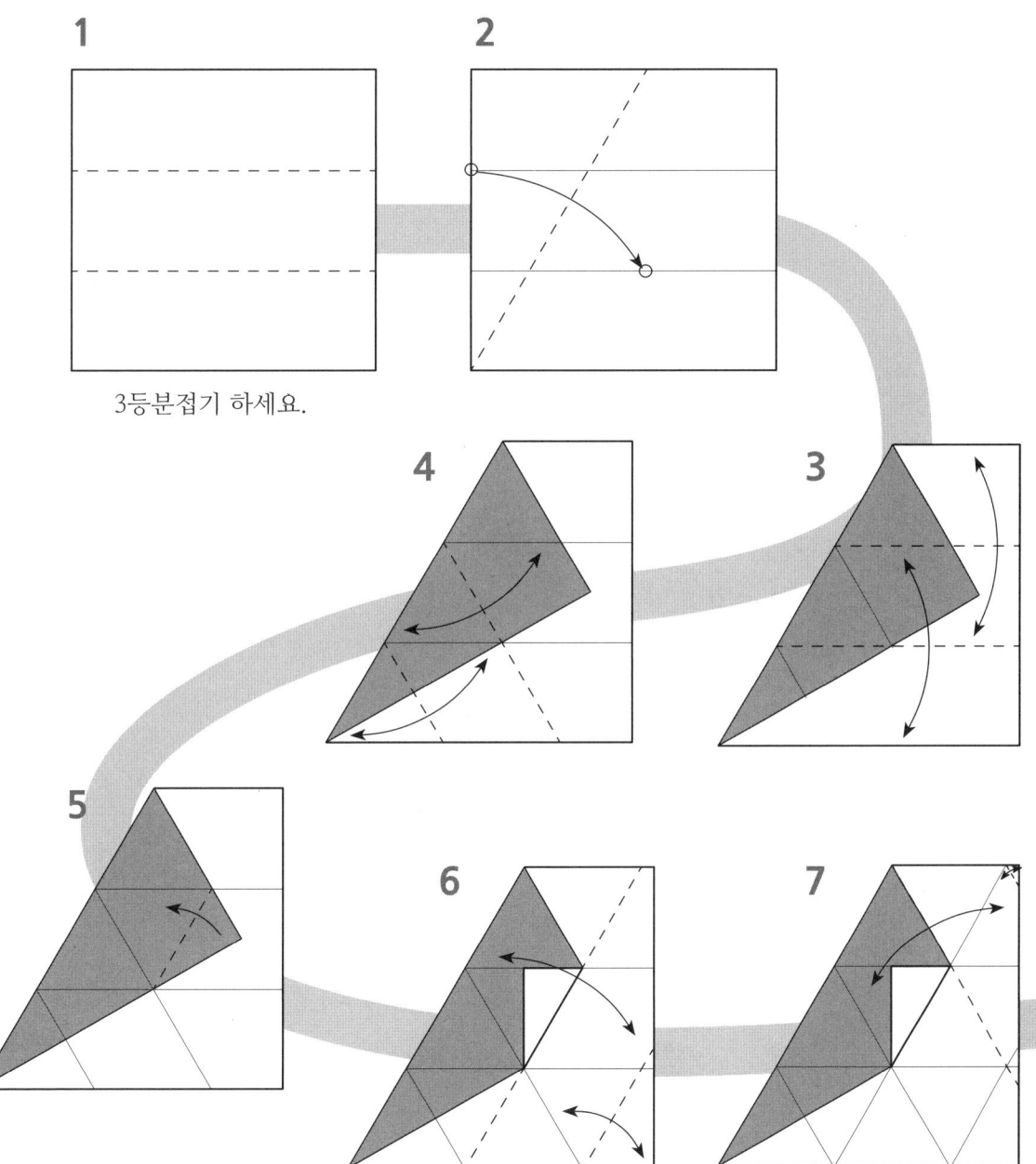

3등분접기 하세요.

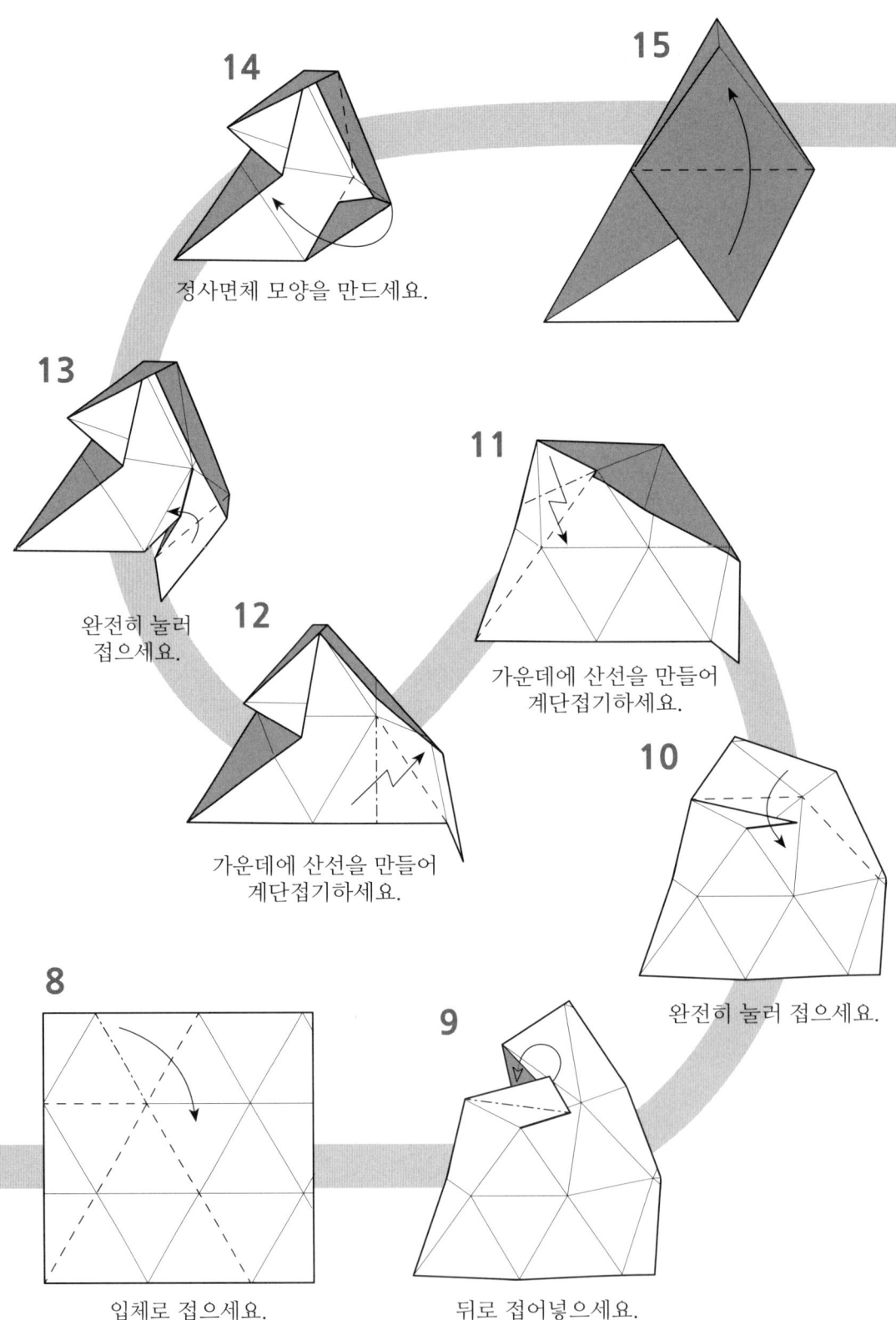

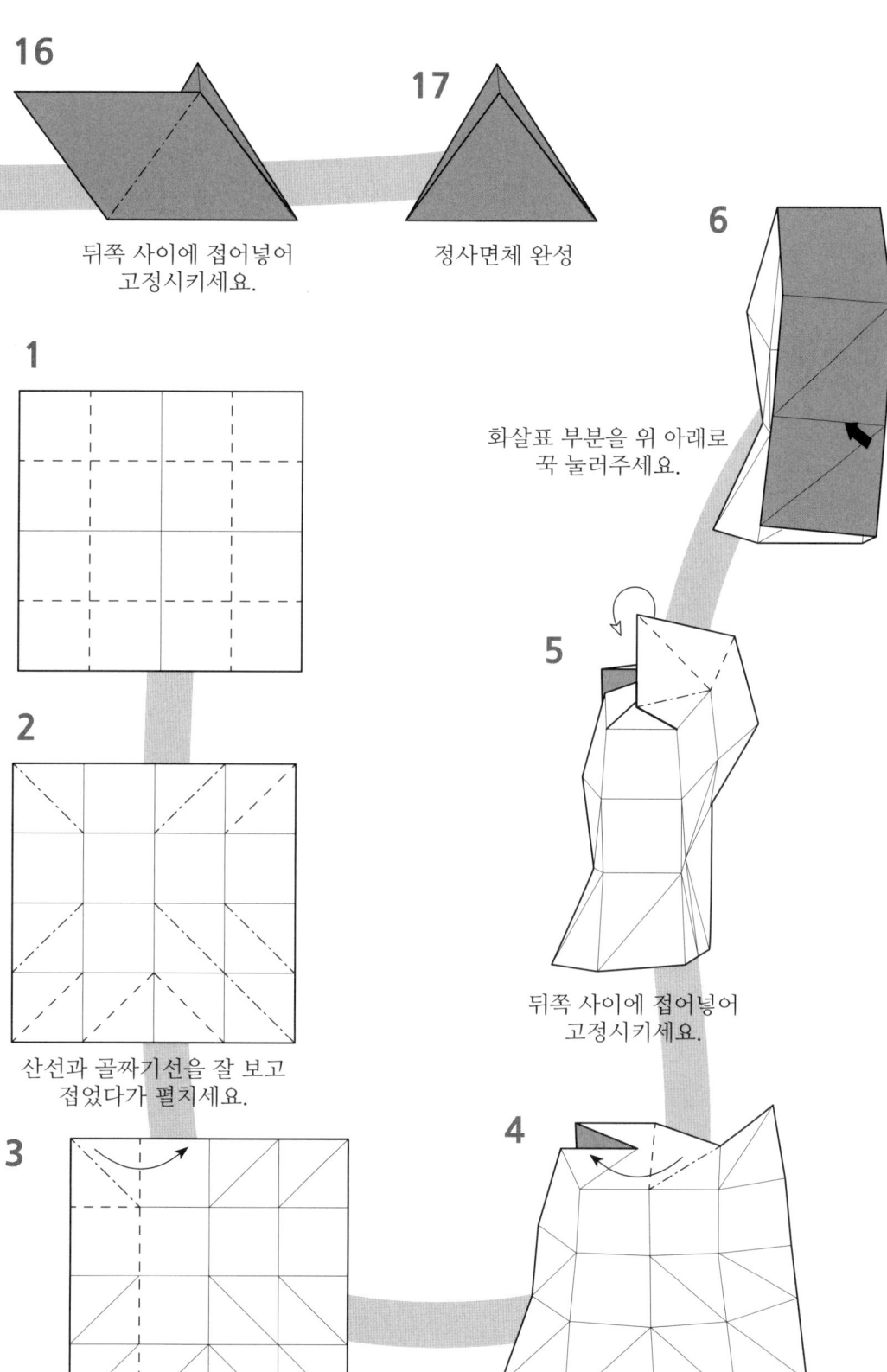

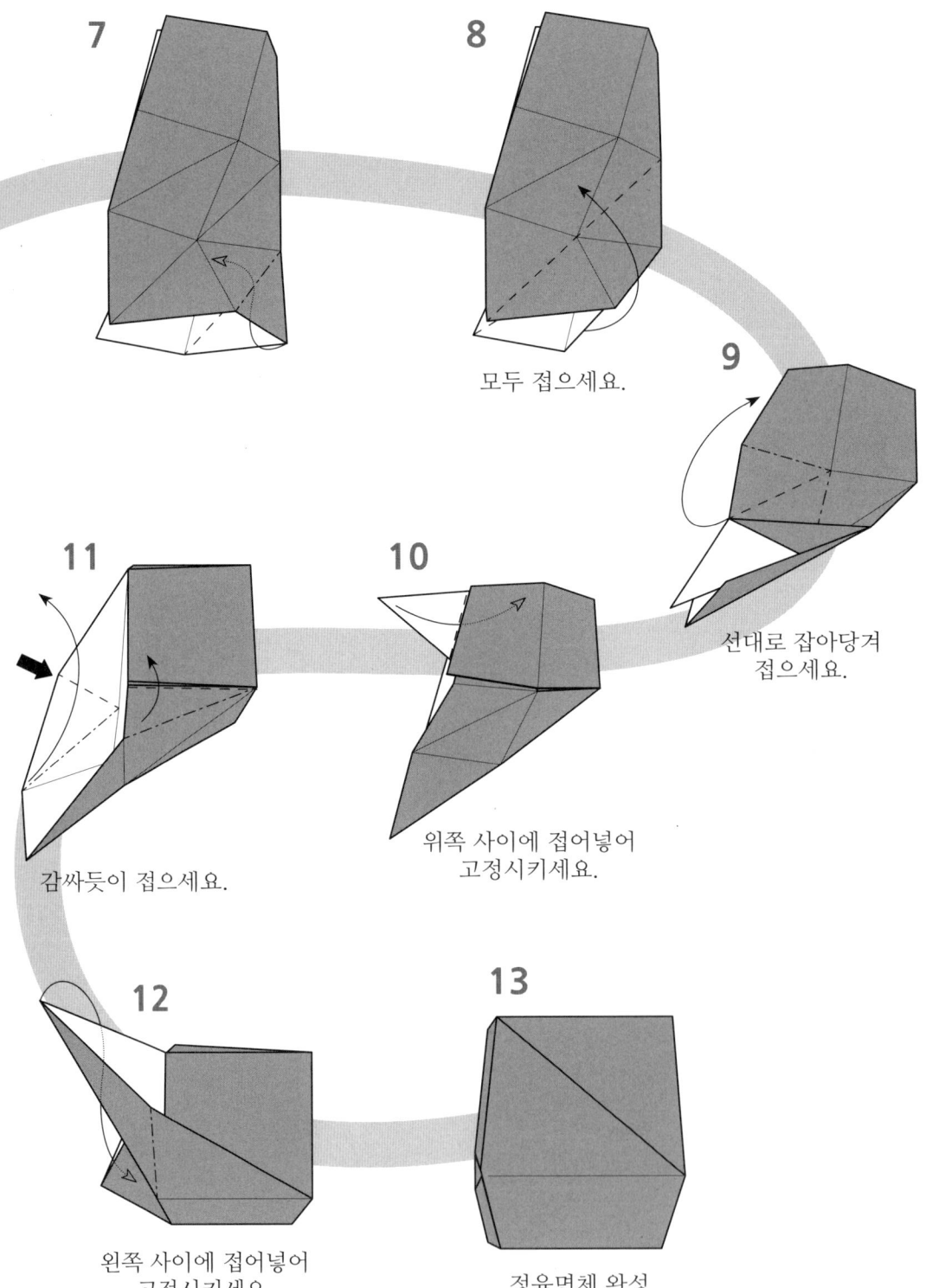

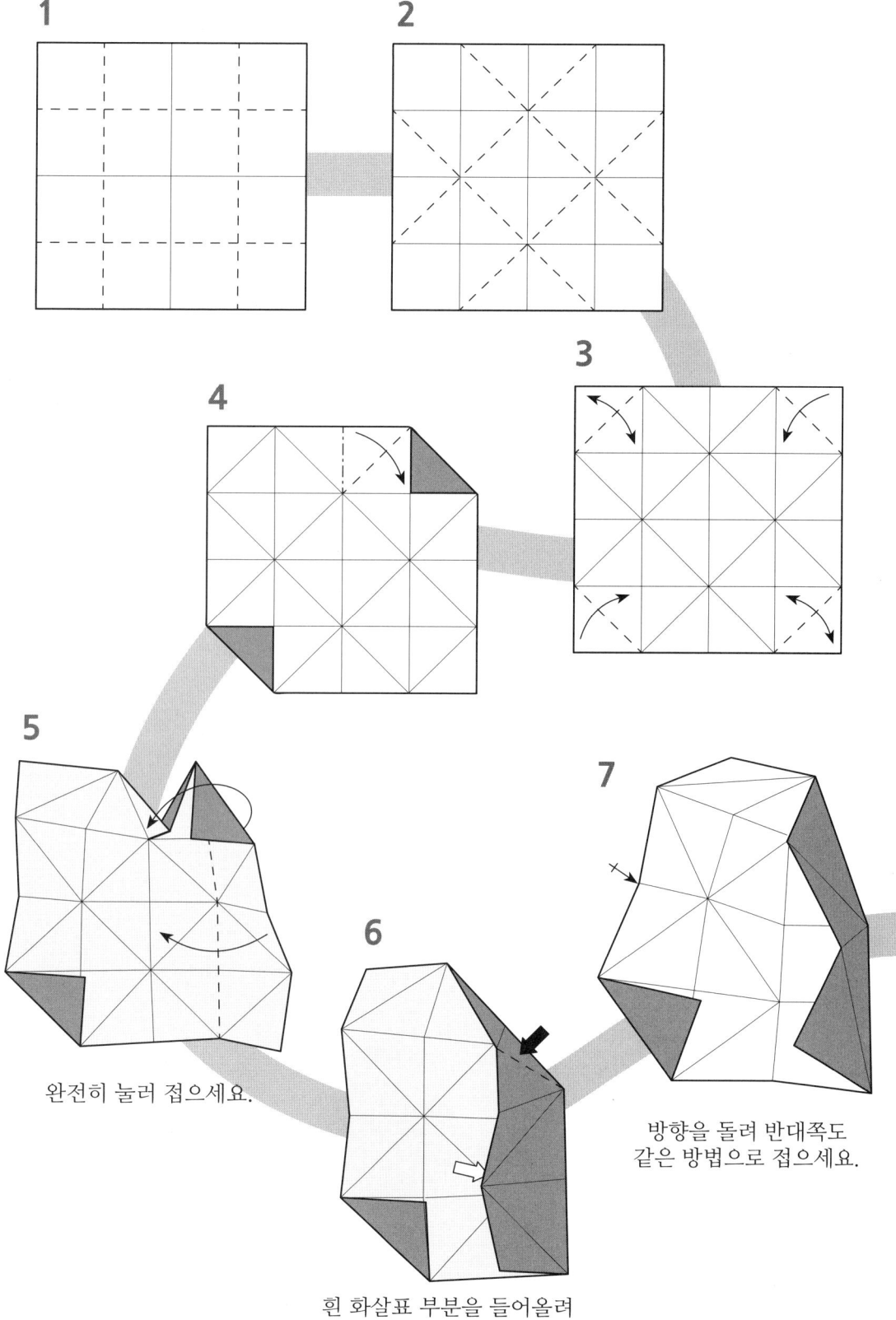

완전히 눌러 접으세요.

흰 화살표 부분을 들어올려
입체로 만드세요.

방향을 돌려 반대쪽도
같은 방법으로 접으세요.

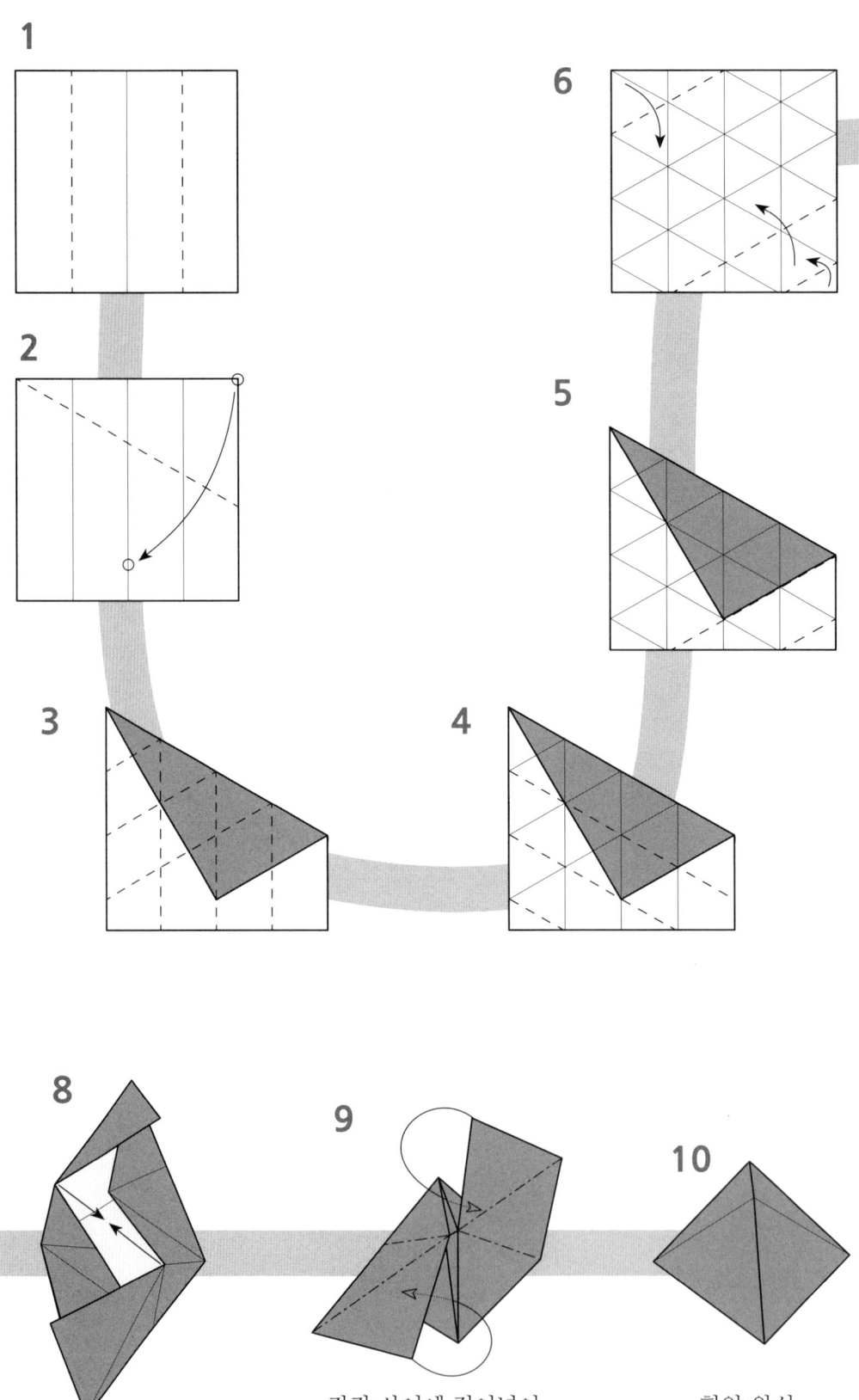

각각 사이에 접어넣어
단단히 고정시키세요.

학알 완성

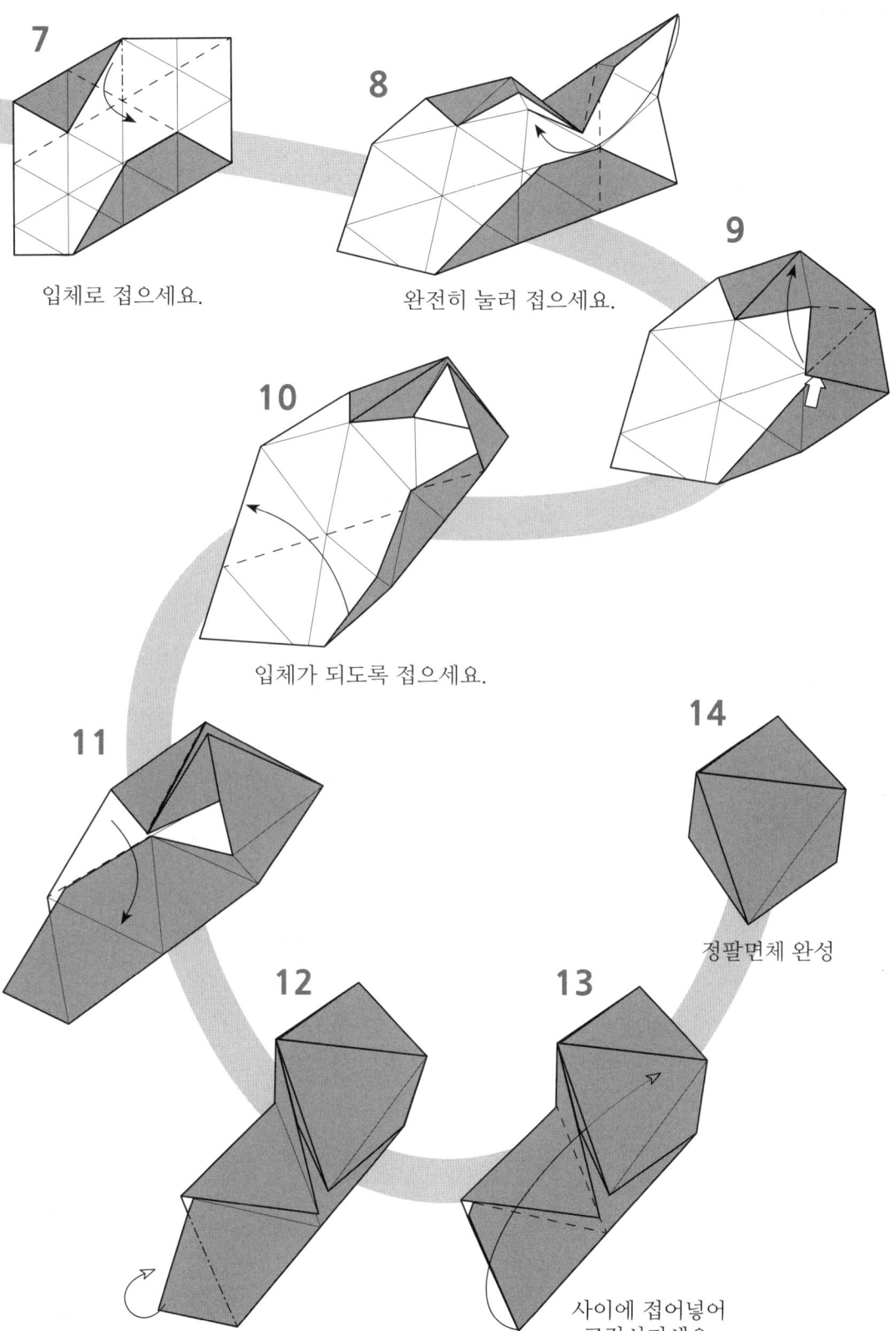

7

입체로 접으세요.

8

완전히 눌러 접으세요.

9

10

입체가 되도록 접으세요.

11

12

13

사이에 접어넣어
고정시키세요.

14

정팔면체 완성

77

종이접기 도면 만들기

 종이접기는 창작뿐 아니라 도면 제작도 중요합니다. 창작은 아이디어의 범주에 들어가고, 작품의 저작권을 획득하기 위해서는 도면화하는 것이 필수이기 때문입니다. 도면을 전문적으로 제작하는 사람을 도면제작자 또는 다이어그래머(Diagrammer)라고 부릅니다.
 종이접기 도면을 만들 수 있는 프로그램은 여러 가지가 있지만, 어도브 일러스트레이터(Adobe illustrator)가 가장 많이 쓰입니다. 종이접기 도면을 만들기 위한 일러스트레이터의 기능을 간략하게 설명합니다. (CS6 버전 기준)

0. 기본 액션
1) 화면 이동하기 : 메인화면에서 스페이스바를 누르면 마우스 커서가 손 모양으로 바뀌는데, 이 상태로 마우스를 좌클릭하여 드래그하면 화면이 이동된다.
2) 화면의 확대와 축소 : Ctrl++(더하기)를 누르면 화면이 확대되고, Ctrl+-(빼기)를 누르면 화면이 축소된다.
3) 여러 개 선택하기 : Shift키를 누른 상태로 오브젝트(도형이나 선)를 차례대로 선택한 후 마우스를 좌클릭하여 드래그한다. 또는, 마우스 좌클릭하여 드래그하면 범위가 지정된다.
4) 오브젝트 복사하기 : Alt키를 누른 상태로 드래그 또는 화살표
- 평행이동 복사하기 : Shift + Alt키를 누른 상태로 드래그
- 같은 모양을 여러 개 복사하기 : Shift + Alt키를 누른 상태로 화살표
5) 대지를 여러 장 만들기 : 파일>새로만들기>대지수에서 원하는 만큼 대지수와 방향을 선택한다. 이미 만들어진 파일에서는 Shift+O 를 누르면 대지를 복사해서 추가하거나 삭제할 수 있다.

1. 도형만들기
1) 정사각형 만들기 : ①의 사각툴을 선택하여 Shift키를 누른 상태에서 드래그한다.
- 사각툴을 선택하고 화면에서 마우스 좌클릭하면 크기를 직접 입력할 수 있다.
2) 선 메뉴에서 단면과 모퉁이를 둥글게 한다.(가운데)
3) 회전시키기 : 오브젝트를 선택하고 모서리 부분에 마우스를 가져다댄 다음 회전이 가능하면 마우스를 좌클릭하여 끌어당긴다.
- 직접 입력은 오브젝트 마우스 우클릭 > 변형 > 회전
 : 단축키 설정 Ctrl+Q
4) 반전시키기 : 오브젝트를 선택하고 마우스 우클릭 > 변형 > 반사 > 가로축/ 세로축 선택
 : 단축키 설정 Ctrl+A
5) 도면 이동
- 평행 또는 대각선 : 오브젝트를 선택하고 Shift키를 누른 상태로 드래그한다.
- 일정 간격으로 이동 : 오브젝트를 선택하고 Shift키를 누른 상태로 키보드 화살표를 누른다.

2. 점선 만들기
1) 선 만들기 : ②의 선분 도구를 선택하여 시작지점에서 끝지점까지 드래그한다.
2) 선 메뉴에서 단면과 모퉁이를 둥글게 한다.(가운데)
3) 선굵기 : 외곽선 0.5p, 접기선 0.75p, 접었다편선 0.25p 으로 한다. (기준은 각자 다름)

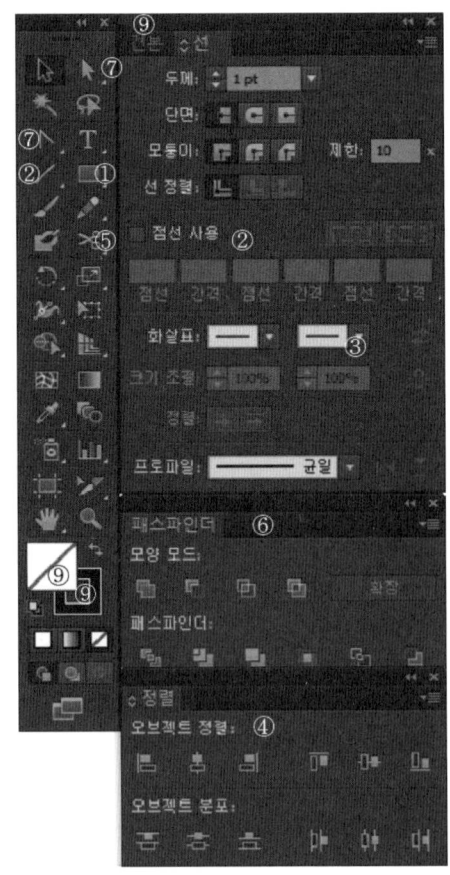

4) 점선사용에 체크하고
- 점선 : 4 3 입력
- 일점쇄선 : 4 2 0.5 2 입력 (기준은 각자 다름)
5) 회전시키기 : 오브젝트를 선택하고 우클릭 〉 변형 〉 회전 : 마우스 단축키 설정 Ctrl+Q
6) 반전시키기 : 오브젝트를 선택하고 우클릭 〉 변형 〉 반사 : 마우스 단축키 설정 Ctrl+A

3. 화살표 만들기
1) 화살표용 곡선 : ②의 호 도구를 선택하고 Shift키를 누른 상태에서 마우스 좌클릭하여 드래그한다.
- ⑦의 펜툴에서 점을 찍고 드래그하여 조절하는 방법으로도 만들 수 있다.
2) 검은 화살표 머리 : ③의 화살표에 서 시작지점과 끝지점의 모양을 선택한다.
- 낮은 버전의 경우 효과 〉 스타일화〉 화살표 추가 를 이용한다.
3) 뒤로 접기에 쓰이는 흰 화살표 머리 : 직접 삼각형 도형을 만들고 선분에 붙여 사용한다.

4. 선 정렬하기
1) ④의 정렬창을 이용한다. (윈도우 〉 정렬 또는 단축키 Shif t + F7)
- 좌측정렬, 세로중앙정렬, 우측정렬, 상단정렬, 가로중앙정렬, 하단정렬 : 조각낸 모양의 모서리를 정확하게 붙일 때 사용한다.
- 세로등가정렬, 가로등가정렬 : 반으로 접기 등 같은 간격의 접기선을 정렬시킬 때 사용한다.

5. 선 나누기
1) ⑤의 가위툴을 이용한다. (CS6 버전에서는 지우개 모양이 디폴트)

6. 도형 자르기
1) ⑥의 패스파인더를 이용한다. (윈도우 〉 패스파인더 또는 단축키 Shift+Ctrl+F9)
2) 도형과 도형을 겹치거나 도형과 선을 겹친 다음 패스파인더로 나눈다. (가장 왼쪽 메뉴)
- 선의 경우 선이 반드시 도형의 외곽선 밖까지 벗어나 있어야 한다.
3) 자른 후에는 마우스 우클릭 또는 단축키 Shift+Ctrl+G로 그룹해제 하여 사용한다.

7. 도형 변형하기
1) 동일하게 변형하기 : ⑦의 직접선택툴(흰 화살표)에서 면을 클릭하여 드래그한다.
2) 한부분만 변형하기 : ⑦의 직접선택툴(흰 화살표)에서 모서리를 클릭하여 드래그한다.
3) ⑦의 펜+ 사용 : 면과 선에 고정점을 추가하여 직접선택툴로 모양을 세분화시킬 수 있다.
4) ⑦의 펜- 사용 : 면과 선에 있는 고정점을 삭제한다.
5) ⑦의 펜〈 활용 : 고정점을 마우스 좌클릭하여 기준점을 드래그하면 곡선형태로 변화한다.

8. 정돈하기
1) 오브젝트를 선택하고 마우스 우클릭 〉 정돈 〉 맨 앞으로 또는 맨 뒤로
- 단축키 Ctrl+F(맨 앞으로), Ctrl+D(맨 뒤로) 설정
- 겹쳐진 오브젝트를 앞뒤로 정돈하여 원하는 모양이 보이도록 한다.

9. 색깔넣기
1) 클릭하고 색 넣기 : ⑨에서 면색(좌상) 또는 선색(우하)을 결정하고 견본에서 선택한다.
- 흑백으로 제작할 경우 면색은 K(검은색) 30%가 적당하다.
2) 여러 오브젝트를 선택하여 바꾸기 : Shift키를 눌러 여러 개를 선택하고 한꺼번에 바꾼다.
3) 스포이드의 활용 : 면(들) 또는 선(들)을 선택하고 스포이드를 클릭하고 오브젝트를 선택하면 해당 오브젝트와 동일하게 변경된다. (색, 선굵기 등)

10. 클리핑 마스크
1) 부분을 확대하여 원 안에 넣을 때, 불필요한 부분을 보이지 않게 하는 용도이다.

- 도면을 그룹으로 묶고(여러 개 선택하고 마우스 우클릭>그룹, 단축키 Ctrl+G) 확대한다. (오브젝트>변형>크기조절 또는 단축키 Ctrl+E 세팅)
- 가운데가 투명한 원을 하나 만든다. 이때 원이 도면 위에 위치해야 한다.
- 원 하나와 도면을 선택하고 마우스 우클릭 > 클리핑 마스크 만들기 하면 원 안의 도면만 보여진다.
- 원이 보여야 하는 경우, 원을 2개 만들어 하나로 클리핑 마스크한 다음 뒤로 보낸다.

11. 저장하기
1) 기본포맷인 ai로 저장한다. (EPS로 만들 필요는 없다.)

12. 단축키 설정
1) 편집 > 키보드 단축키
- 메뉴명령 > 오브젝트 > 변형 에서 회전(Ctrl+Q)과 반사(Ctrl+A) 설정
- 메뉴명령 > 오브젝트 > 정돈 에서 맨 앞으로(Ctrl+F), 맨 뒤로(Ctrl+D) 설정
- 메뉴명령 > 오브젝트 에서 크기조절(Ctrl+E) 설정
- 그룹(Ctrl+G)과 그룹해제(Ctrl+Shift+G)는 그대로 사용

13. 연습하기 예제
1) 단축키 설정으로 회전, 반사, 크기조절, 정돈을 세팅하세요.
2) 정사각형을 만들어 마름모 형태로 회전시키세요.
3) 선분을 두 개 만들어 마름모 안에 + 형태로 위치시키고, 가운데정렬하세요.
4) 선분의 길이를 조절하여 모서리에 맞추고 점선으로 만드세요.
5) 접었다가 펴기 화살표 기호를 2개 만들어 점선 위에 위치시키세요.
6) 모두 복사하여 오른쪽으로 이동시키세요. 화살표 기호를 삭제하세요.
7) 두 개의 점선을 접었다 편 선으로 바꾸세요.
8) 세로로 점선과 일점쇄선을 만들어 왼쪽에 점선을, 오른쪽에 일점쇄선을 중심에 맞춰 접을 수 있도록 가로등가정렬시키세요. (선분을 두 개 더 만들어 마름모 왼쪽과 오른쪽 모서리에 좌측정렬/우측정렬하여 기준선으로 삼으세요.)
9) 화살표대로 접기, 뒤로 접기 화살표 기호를 만들어 점선 위에 위치시키세요.
10) 모두 복사하여 오른쪽에 이동시키세요. 화살표 기호를 삭제하세요.
11) 선분을 위아래로 늘려 마름모와 함께 선택하고 자르세요.
12) 자른 삼각형 모양을 각각 반사시키고 정돈하여 제 자리에 위치시키세요.
13) 뒷면이 앞으로 온 부분에 색깔을 넣으세요.
14) 모두 복사하여 오른쪽에 이동시키세요.
15) 작은 원을 만들어 적당히 위치시키고 200%로 확대하세요.
16) 새롭게 정사각형을 만들고 펜+툴로 고정점을 여러 개 추가한 다음 직접선택도구로 잡아당겨 여러 가지 모양을 만드세요.
17) 펜-툴로 고정점을 다시 없애세요.
18) 가위로 선분을 두 군데 자른 다음 선굵기를 바꿔보세요.
19) 화면을 확대했다가 다시 축소하세요.
20) 대지를 2장으로 늘려보세요.